KB037463

기본소득 좀 아는 10대

기본소득

우린 모두 사회가 준 유산의 상속인

사회
쫌 아는
십 대
06

쫌 아는

10대

오준호 글 신병근 그림

달걀프라이 서른 개

초등학교 시절, 방학이면 나는 동생과 사촌네 집에 놀러 가곤 했어. 가면 짧게는 일주일, 길게는 보름씩 놀다가 왔지. 아무리 사촌네 집이라도 그렇지 어떻게 일주일 이상을 지내느냐고? 요새와 달리 내가 어릴 때만 해도 친척들끼리 아이들을 서로 며칠씩 맡아 주는 일이 흔했어. 작은아버지와 작은어머니가 조카들, 그러니까 나와 동생을 잘 챙겨 주신 덕분에 우린 고삐 풀린 망아지처럼 실컷 먹고 놀았지.

하루는 작은어머니가 "오늘 아침에는 다른 반찬거리가 없는

데 달걀프라이라도 부쳐 줄까?" 하셨어. 아주 어릴 적 나는 달걀 알레르기가 조금 있었는데, 나아지고 나서도 어머니는 요리를 해 주실 때 무척 조심하셨어. 당연히 달걀프라이를 자주 해 주시지 않으셨고 달걀프라이를 무척 좋아한 나는 그게 불만이었어. 달걀 프라이 맘껏 먹고 싶다, 이게 어린 나의 소박한 소원이었지. 그런데 손이 크신 작은어머니가 달걀 한 판, 그러니까 서른 개 몽땅 깨서 전부 프라이를 부쳐 주시는 거야! 작은어머니가 큰 쟁반에 달걀프라이 서른 개를 담아 식탁에 놓는 순간, 내 기분은 날아갈 것 같았어. 물론 작은어머니는 내가 달걀 알레르기가 있다는 사실을 전혀 모르셨지. 나는 그날 달걀프라이를 원 없이 먹었어. 다행히 알레르기 반응도 없었고.

지금도 내게 행복한 기억이라고 하면 떠오르는 이미지야. 큰 쟁반에 담긴 달걀프라이 서른 개.

자라면서 작은아버지와 작은어머니로부터 달걀프라이보다 더 귀한 선물을 많이 받았지만, 달걀프라이 서른 개가 유독 기억에 남는 건 그때 나의 소망이 꽉 충족되는 기분을 느껴서일 거야. 아이가 품을 만한 소박한 소망이어서 더 그랬는지도 모르겠네.

사촌네는 어린 나에게는 달걀프라이를 맘껏 먹을 수 있는 곳이 었어. 그곳을 생각하기만 해도 기분이 좋았지. 너희도 나와 비슷한 경험이 있니? 결핍되었다고 느끼던 무엇이 어느 순간 꽉 채워진 기쁜 경험 말이야. 그런 경험이 있기를 바라. 머핀을 먹다가 그 속에 숨은 초콜릿 조각이 혀에 닿는 기분처럼, 인생 어딘가에 박힌 그런 경험들이 살아가는 내내 행복을 주는 법이거든.

내 경험과 비슷한 얘기를 니코스 카잔차키스가 쓴《그리스인 조르바》(이윤기 옮김, 열린책들, 2009)에서 읽었어. 파란만장하게 살아온 자유로운 영혼 조르바가 이런 얘기를 해. 자기는 어릴 때 버찌가 너무 먹고 싶었는데 돈이 없어서 한 번에 아주 조금씩만 사야 했다고. 조금 맛보면 더 먹고 싶고, 다음에도 조금 사서 먹으면 또 먹고 싶고…. 그는 '버찌가 날 갖고 논다'는 생각이 들어 속이 상했대. 결국 조르바는 아버지 주머니에서 은화 한 닢을 훔쳐. 그러곤 시장으로 달려가 버찌 한 소쿠리를 사지. 그리고 아버지에게 들킬까 봐 도랑에 숨어서 꾸역꾸역 먹어. "넘어올 때까지 처넣었어요. 배가 아파 오고, 구역질이 났어요. 그렇습니다, 나는 몽땅 토했어요. 그리고 그날부터 나는 버찌를 먹고 싶다고 생각한 적이 없습니다…, 나는 구원을 받은 겁니다."

버찌 한 소쿠리로 무슨 구원? 그런데 이해가 돼. 결핍은 그것
이 크든 작든 우리를 '터널'에 가둬. 터널 속에서는 사방이 캄캄한
데 저 멀리 출구에서 새어 나오는 희미한 빛만 보이잖아?
그처럼 무언가가 결핍되면 모든 주의와 관심은 결핍
된 그것으로만 향하게 돼. 내가 달걀프라이가 너무
먹고 싶으니 다른 맛있는 반찬이 있어도 성에 안 찬
것처럼 말이야. 목이 마른 사람은 맛있는 먹을거리가
앞에 있어도 물만 찾는 것처럼, 결핍이 생기면 그 외에 많은 것이
있어도 소용이 없어. 우리의 상태는 우리에게 결핍된 그것에 의
해 규정되어 버리지. 그렇다면 자유란 다름 아닌 '결핍으로부터
해방'이라고 할 수 있어. 한 개인의
생각이나 행동이 자유로워지려면
그가 가장 결핍을 느끼는 것이 충족
되어야 해. 사회의 개개인이 공통으로 느
끼는 결핍이 있다면, 그 지점에서는 사회
도 자유롭지 못한 상태지.

↖ "소득이 보장된다면,
무얼 하실래요?" ↘

2016년 5월, 스위스 제네바의 광장 바닥에 거대한 포스터가 부착됐어. 기네스북이 인정한 '세계에서 가장 큰 포스터'였어. 그 포스터는 '기본소득 스위스 이니셔티브'라는 단체가 만들었어. 포스터에는 공중에서도 한 눈에 보일 만큼 커다란 글씨로 이렇게 써 있었어.

누구나 살아가려면 돈, 즉 소득이 필요해. 안정적인 소득 보장은 인간다운 삶과 더 나은 미래 설계를 위한 필수조건이야. 그러나 안정적으로 소득을 얻기란 오늘날 점점 어려워지고 있어.

그런 소득을 보장해 줄 수 있는 일자리가 줄고 있기 때문이야. 그래서 사람들은 소득에 대해 항상 결핍을 느껴. 느낌을 갖는 정도가 아니라 이 결핍을 메우는 데 인생을 온통 바치고 있어. 학교를 졸업하면 직장에 들어가 수십 년을 돈을 벌기 위해 일하지. 평균 수명이 길어지다 보니 요즘은 퇴직 후에도 돈을 벌기 위해 다시 수십 년을 일하기도 해. '가방끈'을 조금이라도 늘리면 소득이 늘어날까 여겨 청년들은 빚을 져 가며 학위와 자격증을 따. 남들에게 뒤처질까 계속 불안해하면서 말이야. 소득 걱정을 시작하는 나이는 점점 아래로 내려가서, 청소년의 꿈이 다른 것도 아니고 '정규직'이 되었어. 우리는 '소득 불안정'이라는 결핍의 노예처럼 살고 있어.

그래서 포스터에 쓰인 질문이 우리의 머리를 때려. 그냥 조건 없이, 평생 내 소득이 보장된다고 상상해 보자는 거야. 지금까지 사람들은 너나없이 '안정된 소득을 얻으려면 무얼 해야 하나, 어떤 직장에 들어가야 하나'를 고민하며 살았지. 하지만 소득이 보장된다고 일단 가정해 보자. 이제 무얼 할래? 여전히 지금처럼 "좋은 대학을 가야 먹고살 수 있어"라고 하게 될까? "노후를 보장

9

하려면 대기업에 가거나 공무원이 되어야 해"라고 말할까? "재산을 불리려면 역시 부동산이 최고지"라고 말할까?

그 모든 것은 실은 소득 불안정이란 결핍을 메우기 위해 사람들이 찾아낸 방편에 불과해. 소득이 조건 없이 보장된다면, 즉 결핍이 사라진다면 인생의 방향과 가치가 달라지지 않을까? 그때 너희는 무얼 할래? 아니, 너희가 하고 싶은 건 뭐니? 응? 하고 싶은 게 뭔지 생각해 볼 여유도 없었다고? 그래, 결핍의 가장 나쁜 점이 그거야. 인생에서 진정 가치 있는 것이 무엇인지 차분히 찾아볼 기회조차 주지 않는 거.

그래서 저 질문이 중요해. 그것은 우리에게 인생에서 소득 그 이상의 목표가 있다는 걸 생각하게 해 줘. 지금처럼 소득의 결핍으로 평생 불안해하는 사회가 아닌, 대안적인 사회가 가능하다는 걸 상상하게 해. 저 포스터가 그러한 대안적인 사회를 향한 운동의 하나야.

'기본소득 스위스 이니셔티브'는 10만 명의 청원을 받아 "스위스 헌법에 기본소득 보장을 명시하자"는 안건을 국민투표에 부쳤어(스위스에서는 일정 숫자 이상 청원한 안건은 국민투표에 부칠 수 있어서 국민투표가 자주 시행돼). 이 단체는 스위스 정부가 국민 개개인에게 매달 우리 돈으로 약 300만 원에 해당하는 기본소득을 지급할 것을 제안했어. 2016년 6월에 국민투표가 실시됐는데, 결과는 '부결'이었어. 찬성은 23퍼센트였지. 그런데 희한한 일이 벌어졌어. 기본소득에 대한 세상의 관심이 투표 전보다 커진 거야.

2017~2018년에 핀란드가 2년 동안 2000명의 실업자에게 기본소득을 지급하는 정책 실험을 했어. 같은 시기 스페인 바르셀로나에서 시 차원의 기본소득 실험이 진행됐고, 캐나다 온타리오주에서도 신청자 4000명을 대상으로 기본소득 실험을 시작했어(안타깝게도 정치적인 이유로 1년 만에 실험이 중단되었어). 미국에서 벤처투자회사 와이컴비네이터(Y Combinator)가 미래의 자동화에 대처하는 방편으로 기본소득에 주목하면서, 기금을 조성해 시민 1000명에게 월 1000달러를 3년간 지급하는 프로젝트를 시작했어. 이처럼 기본소득에 관심을 갖는 정부, 지방정부, 시민단체, 전문가, 시민이 계속 늘고 있어.

결핍에서
해방된 자유를 향해

　우리나라에서 기본소득에 대한 관심이 커진 데는 몇 가지 계기가 있었어. 그 하나는 2016년 3월에 개최된 인공지능 알파고와 이세돌 9단의 바둑 대결이야.

　인공지능 개발사 구글 딥마인드가 만든 알파고(AlphaGo, '고'는 일본어로 바둑을 뜻해)는 '아직 바둑처럼 복잡한 게임에서 기계는 인간을 이길 수 없다'는 예측을 뒤집고 완승을 거뒀어. 알파고가 내리 세 판을 승리하는 동안 사람들은 경악했고, 인공지능의 발전상을 확인한 투자자들이 몰리며 구글 주가가 치솟았지. 5국이 끝났을 때 구글의 시가 총액은 무려 58조 원이 늘어났어. 이세돌 9단은 4국에서 1승을 거두며 인간의 자존심을 지켰지만, 약점을 바로 보완한 알파고는 마지막 5국에서 다시 이기며 결국 4대 1로 승리했지. 그리고 1년여 뒤인 2017년 5월, 중국의 바둑 챔피언 커제가 "나는 이세돌과 다르다"며 자신만만하게 더욱 학습된 알파고에게 도전했어. 그러나 세 판 가운데 한 번도 이기지 못하자 너무 분한 나머지 시합 중에 울어 버렸어. 커제가 못한 게 아니라, 알파고가 인간이 다가설 수 없을 만큼 진화해 버린 거야.

알파고와 인간의 시합은, 인공지능이 발전해 인간이 하는 일을 모두 대체해 버릴지 모른다는 불안을 자극했어. 대체 인간은 어떻게 먹고살아야 하지? 이런 불안감이 쌓여 일자리를 통해 대부분의 소득을 해결하는 지금의 방식 대신, 일을 할 수 없더라도 소득을 보장해 줘야 하는 것 아니냐는 공감대가 커졌지.

이것이 미래에 대한 두려움에 관련된 계기라면, 좀 더 희망을 갖게 하는 계기도 있어. 그건 2016년에 경기도 성남시에서 시작한 '청년배당'이야.

성남시는 시 차원이라는 제한된 조건에서 정책에 기본소득의 철학을 구현해 보려고 했고, 성남시에 3년 이상 거주한 만 24세 청년에게 연 100만 원을 지역화폐(성남사랑상품권)로 지급하기 시작했어. 만 24세 청년을 대상자로 정한 건, 갓 사회에 나와 사회생활을 시작할 나이인 그들에게 사회의 지원이 필요하다고 판단해서야. 지역화폐로 지급한 이유는 돈이 지역에 순환하면서 골목상권에 속한 영세 자영업자들에게 도움이 되도록 하기 위해서였어. 2016년 가을에 청년배당 대상자 498명에게 실시한 설문조사 (녹색전환연구소·기본소득청'소'년네트워크 주최)에서 청년배당을 받은 당사자 95퍼센트가 "청년배당이 자신에게 도움이 됐다"고 대답 했어. 같은 해 성남시 전통시장을 중심으로 매출이 약 26퍼센트 증가하자 소상인들도 청년배당의 든든한 지지 세력이 됐지.

　나는 청년배당이 만들어 낸 '공동체 의식'에 주목해. 위 설문 조사에서 "당신이 24세가 지나서 더 이상 돈을 못 받게 되더라도 이 제도가 유지되기를 바라느냐"고 질문했을 때, 응답자 94퍼센 트가 "그렇다"고 대답했어. 자신이 사회로부터 도움을 받았으니 다른 사람들도 혜택 받기를 기꺼이 바라게 된 거지.

　성남시 청년배당에 대한 지지를 바탕에 두고, 2019년부터 정책은 경기도로 확대됐어. '경기도 청년기본소득'을 지급하기 시작한 거지. 경기도에 거주하는 만 24세 청년은 1년간 100만 원 의 기본소득을 지역화폐로 받게 돼. 금액도 적고 1년만 받을 수 있는 거라서 온전한 기본소득은 아니야. 하지만 경기도의 만 24세 청년이면 잘살든 못살든 구분하지 않고 보편적으로 준다는 점에 서 기존 복지제도와는 획기적으로 다른 정책이야. 실험적이나마 한국 최초로 '기본소득'의 이름을 붙인 제도가 시작된 거야.

"미래는 우리 안에 와 있다. 널리 퍼지지 않았을 뿐." SF소설 작가 윌리엄 깁슨이 한 말이야. 기본소득도 이미 이 사회로 들어왔어. 기본소득은 더 이상 공상의 세계에 있는 허황한 꿈이 아니야. 물론 이제 시작하는 단계지. 기본소득이 한때의 실험으로 끝날지, 아니면 '소득 결핍에서 해방된 자유로운 사회'로 가는 열쇠가 될지 누구도 몰라. 그러나 진지하게 탐색해 볼 필요는 있겠지? 대체 기본소득이 무엇인지, 왜 사람들이 기본소득에 주목하는지부터 찬찬히 알아보자. 기본소득이 실현된 미래가 어떤 모습일지도 상상해 보고.

너희들과 같이 그 가능성을 살피고 미래를 상상해 보려고 이 책을 마련했어. 너희들이 바로 그 미래의 주인이고 주인공이니까.

차례

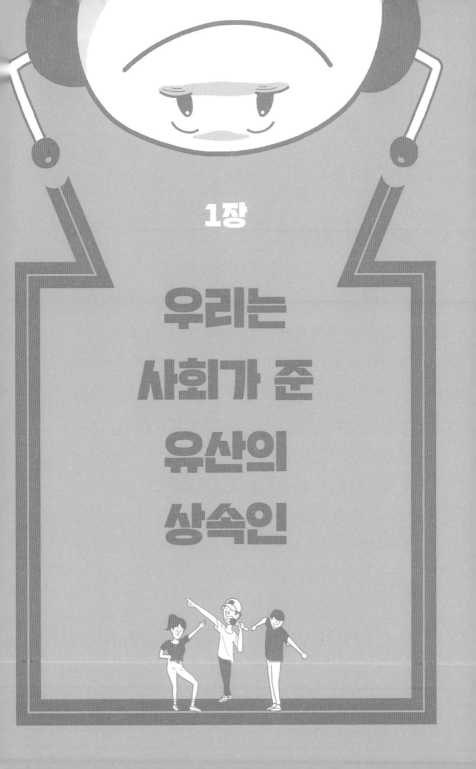

1장

우리는
사회가 준
유산의
상속인

↖ 그녀가 200년 뒤에
태어났더라면 ↘

오만 원권 지폐에 등장하는 인물이 누구지?

그래, 신사임당. 대학자이고 훌륭한 정치가인 이율곡을 키워
낸 어머니이자, 스스로도 뛰어난 시인이자 화가였던 여인. 그런
데 신사임당이 200년 뒤인 조선 후기에 태어났다면, 지금처럼 유
명해질 수 없었을 거야.

우리는 조선 시대에 아들을 중시하고 딸을 천시했으며 맏이
를 높이 대우하고 그 나머지 형제들을 차별했다고 알고 있지. 그
런데 그건 조선 후기 사회의 특징이야. 조선 중기, 신사임당이 살
았던 16세기만 해도 조선은 훨씬 유연하고 평등한 사회였어. 부
모는 아들딸 구분 없이 재산을 공평하게 나눠 주었고, 심지어 첫
째냐 막내냐 하는 것도 엄격하게 따지지 않고 나눠 주었다고 해.
15~17세기에 재산 상속의 기록을 적은 분재기(分財記)가 여럿 전

해지고 있어서 이런 사실을 알 수 있지.

신사임당은 딸만 다섯 있는 집안의 둘째였어. 하지만 유산을 공평하게 물려주는 당시 관습에 따라 신사임당도 부모로부터 많은 재산을 유산으로 물려받았어. 유산이 있었기에 그녀는 남편에게 의지하지 않고도 생활을 꾸릴 수 있었고, 예술적 재능을 펼칠 기회도 가질 수 있었어. 그녀가 조선 후기에 살았다면 어땠을까? 조선 후기로 갈수록 유교적 보수주의와 가부장제가 심해지면서 집집마다 대를 이을 남자를 중시했어. 딸만 있는 신사임당의 집은 아마 양자를 들였을 테고, 유산은 신사임당이 아니라 양자로 들어온 남자에게 넘어갔겠지. 아니면 신사임당의 남편에게 돌아갔을지도 몰라. 신사임당의 재능은 부모님의 유산이라는 조건, 그리고 유산을 공평히 물려주는 사회적 분위기 속에서 꽃필 수 있었던 거야.

400년도 더 지난 2018년 겨울, 나는 한 청년의 죽음 소식을 접했어. 충남 태안 화력발전소에서 하청업체 계약직으로 일하던 스물네 살 청년 김용균 씨가 모두가 잠든 한밤중에 석탄 컨베이어벨트를 점검하는 일을 하다가 그만 컨베이어벨트에 휘말려 목숨을 잃고 말았어. 원래 이 업무는 위험해서 두 사람이 같이 해야 했지만 회사는 비용을 이유로 인력을 충분히 뽑지 않았지. 김용균 씨는 어쩔 수 없이 혼자 컴컴한 작업장에 들어가 일하다가 그만 변을 당한 거야. 그런데 김용균 씨의 동료들은 사고 전부터 작업환경이 위험하다며 안전시설 설치를 태안화력발전소 측에 요구했다고 해. 그러나 발전소 측 관리자는 그들에게 이렇게 말했다는군.

"돈이 3억 원이나 들어서 해 줄 수 없다."

카카오톡 아이디가 '가정 행복'일 정도로 김 씨는 부모님과 사이가 좋았어. 어려운 가정 형편 때문에 돈을 벌어야 했던 김 씨는 남들처럼 취업 준비에 시간과 돈을 많이 들일 수 없었어. 김 씨는 화력발전소 하청업체에 들어가 일했고, 그러면서도 장차 공기업에 입사하려고 틈틈이 취업 준비를 했어. 그는 작업환경이 위험하단 걸 알았지만 회사에 안전 조치를 해 달라고 강하게 요구할 수 없었어. 물려받을 유산은커녕 당장의 생계비조차 빠듯했던 그는 그 일자리를 지켜야 했고, 회사의 위험한 작업 명령이라도 따르는 것밖에는 방법이 없었어.

실은 누구나 알아. 사람들이 물려받은 유산의 차이가 현재의 여건을 결정하고, 그 여건이 다시 삶의 자신감과 꿈의 눈높이를 다르게 만든다는 걸 말이야. 때로 유산의 차이는 인간이라면 당연히 누려야 할 존엄성에도 격차를 만들지. 그렇다면, 유산을 물려받지 못한 이는 넉넉한 유산을 물려받은 이를 그저 부러워하며 사는 수밖에 없을까? 부유한 부모님이 없으면 꿈을 펼치고 재능을 발휘할 기회도 포기해야 하는 걸까?

그런데, 그 유산을 반드시 부모님으로부터 받아야 할까?

그렇지 않아. 유산은 꼭 부모님으로부터 받아야 하는 게 아니야. 이 사회로부터 물려받는 유산도 있어.

이 엄청난 유산의 상속인이 누구라고?

땅에 발 딛지 않고 살아가는 사람은 아무도 없어. 토지는 인간 삶의 토대이자 새로운 부를 생산하는 데 필요한 기초적인 요소지. 그런데 토지를 특정한 개인이나 집단이 만들었나? 아니야. 토지는 애초부터 이 지구의 일부이고 자연이 인간에게 준 선물이야. 또 인간은 에너지 없이는 살아갈 수 없어. 그런데 에너지의 원천인 석탄, 석유, 우라늄, 햇빛, 물, 바람 등은 누가 만들었지? 그것들도 역시 자연의 일부이고 인간 이전에 존재했어. 인간은 그것들을 자연에게서 선물로 받았어.

이처럼 우리 인간은 누구나 예외 없이 이 자연으로부터 상속받은 '유산'에 기대 살고 있어. 이 유산은 인간이 노동해서 만들어낸 게 아니라 처음부터 이 지구에 주어진 것이므로 특정 개인이 이를 독차지할 권리가 없어. 그걸 누릴 자격은 과거와 현재와 미래에 존재하는 모든 인류에게 있어.

자연의 유산뿐 아니라 앞선 세대가 집단적으로 만든 유산도 있어. 지식, 문화, 정보 등이 그것이야. 너희가 휴대전화로 친구랑 문자 할 때 의식하지 않고 자판을 두드리겠지만, 그 자판의 한글 자음과 모음은 누가 만든 거지? 그래, 세종대왕이 훈민정음을 만들고 후대 사람들이 긴 시간에 걸쳐 조금씩 고치고 다듬어 지금의 편리하고 과학적인 문자가 되었어. 우리는 물려받은 한글을 가지고 정보를 주

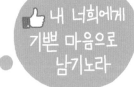

👍 내 너희에게
기쁜 마음으로
남기노라

고받고 친구랑 수다도 떨지만, 선조들에게 단 한 푼도 저작권료
를 내지 않아. 왜? 한글은 우리가 물려받은 유산, 즉 선물이기 때
문이야.

이처럼 인류는 자연과 앞선 세대로부터 많은 걸 물려받았어. 이 유산은 어느 한 개인의 것이 아니라 모두가 공유한 재산이지. 이를 사회의 공동재산이라고도 하고 '공유부(富)'라고도 해. 공유부에 대한 권리는 누구에게 있을까? 당연하게도 사회 구성원 모두에게 있어.

또한 한 사회의 생산 활동은 모두 사회 공동재산을 활용하여 이뤄지지. 토지, 자연자원, 누적된 지식 및 정보를 어떤 식으로든 활용하지 않고 이뤄지는 생산 활동은 없어. 생산 활동에 공유부가 활용되었다면, 생산되어 나온 새로운 가치에 대해서도 사회 구성원들이 동등한 권리를 갖는다고 할 수 있지 않을까? 물론 공동재산을 활용하고 가공하는 데 누군가의 노고가 들었다면 그 노고에 대해 마땅히 보상해야겠지. 그들의 창의적인 기여로 사회의 부가 더 늘어났으니까 말이야. 하지만 그 누구도 새로 만들어진 가치 전부가 자기 것이라고 주장할 수는 없어. 그들의 노고에 적절하게 보상하더라도 수익은 남을 수밖에 없어. 남은 수익은 어떻게 할까? 간단해. 사회 구성원에게 똑같이 나눠 주면 돼. 모두의 것이므로 모두에게 나눠 주자는 거야.

사회 구성원은 사회가 물려받은 유산의 공동상속인이며, 그 유산에서 발생한 수익에 'n분의 1'씩 권리가 있다는 생각. 공유부 수익을 평등하게 나누어 공동체 구성원들의 자립을 돕자는 생각. 이 생각은 역사에 오랜 뿌리를 두고 있고 지금까지 줄기차게 이어져 왔지. 그리고 최근 이 생각은 구체적인 이름과 내용을 얻어 세상에 빠르게 퍼지고 있어.

바로 '기본소득(basic income)'이야.

아직 기본소득은 어느 나라에서도 전면적으로 실행된 적은 없지만, 지방 차원에서 기본소득과 유사한 제도를 시행했거나 관련된 실험을 벌이는 나라가 무척 많아. 1970년대 미국의 네 지역(뉴저지주 일대, 시애틀-덴버, 개리, 일부 농촌 지역)과 캐나다의 한 지역(마니토바)에서, 2000년대 후반부터 나미비아(2008~2009년), 인도(2011~2013년), 핀란드(2017~2018년), 스페인(2017~2018년)에서 실험을 벌였지. 실험들은 기본소득 지급이 개인의 삶과 지역 사회에 긍정적인 효과를 일으킨다는 걸 보여 주었어.

↖ 기본소득, 넌 대체 뭐니? ↘

**국가나 정치공동체가 개인에게
심사나 조건 없이 정기적으로 지급하는 생활비.**

기본소득의 일반적인 정의야. 세계적으로 기본소득 운동에서 가장 권위 있는 단체인 '기본소득지구네트워크(BIEN)'의 설명을 바탕으로 기본소득의 내용을 조금 구체적으로 살펴보자.

❶ 가구 단위가 아니라 개인에게 준다. (개인성)

❷ 일체의 자격 심사 없이 모두에게 준다. (보편성)

❸ 돈을 주면서 요구하는 조건·의무가 전혀 없다. (무조건성)

❹ 다달이 혹은 분기별로, 즉 정기적으로 지급한다. (정기성)

❺ 현금이나 현금처럼 사용할 수 있는 수단으로 지급한다.
　(현금 지급)

❻ 기본소득은 생계를 보장하는 수준으로 지급하는 것을 목표로 한다. (충분성)

이 중에서 특히 중요한 것은 앞의 세 가지, 개인성·보편성·무조건성이야. 기본소득의 핵심 원칙이지. 그리고 이 세 원칙은 기본소득이 일반적인 복지제도와 결정적으로 다른 점이야. 그래서 기본소득을 제대로 이해하려면 먼저 일반적인 복지제도를 이해할 필요가 있어.

복지제도란 사회보장제도라고도 하고, 사회 구성원들이 인간적 존엄성을 지키며 살 수 있도록 국가가 제공하는 보호 장치를 말해. 흔히 '사회안전망'이라고도 하지. 복지국가란 이런 사회보장제도를 잘 갖춘 나라를 가리켜. 복지국가들은 그것이 만들어진 역사적·사회적 맥락에 따라 몇 가지 유형으로 나뉘지만 어느 경우든 크게 두 개의 사회보장제도를 기반으로 하고 있어. 그것은 '공공부조'와 '사회보험'이야.

공공부조는 사회가 빈곤한 사람을 도와주는 제도야. 노동을 함으로써 일정한 소득이 있는 사람들이 세금을 내 재원을 마련하고 국가는 그것으로 스스로 노동해서 먹고살 수 없는 사람에게 생계보조금을 주지. 공공부조제도에는 까다롭고 엄격한 선별 심사가 필수적이야. 노동해서 스스로 먹고살 능력이 없는 사람만, 즉 가장 가난한 사람만 도와주자는 것이니까 그런 이들만 골라내야 하는 거지. 조금이라도 일할 힘이 있거나 먹고살 다른 수단이 있는 사람들로부터 말이야. 우리나라로 치면 IMF 외환위기 직후인 1998년에 도입된 '기초생활보장제도'가 대표적인 공공부조제도야. 기초생활보장제도는 선별된 저소득층에게 생활비, 의료비, 자녀 교육비 등을 지원해. 이렇게 선별된 사람들을 '수급자'라고 불러.

사회보험은 현재 노동하는 사람들이 월급이나 월수입에서

일정 액수를 공제하여 적립했다가 나중에 필요할 때 연금, 수당, 서비스 등으로 되돌려 받는 제도야. 노동하는 사람들이 처할 수 있는 어려움으로 질병, 장애, 재해, 실업, 노령 등을 생각할 수 있지. 다수가 납부한 보험으로 이 어려움에 대처하자는 발상이야. 사회보험은 19세기 후반 '철혈재상'으로도 알려진 독일의 보수 정치인 비스마르크가 주도해서 최초로 국가적으로 도입되었어. 당시 노동자들은 저임금에 시달렸고, 일하다 다쳐도 아무 대책이 없었으며, 일자리를 잃으면 생계에 커다란 타격을 입었지. 노동자들이 이러한 불안감에 시달리다가 참을 수 없게 되면 장차 사회에 위협적 세력이 될 수 있다는 판단에서, 비스마르크는 국가를 안정적으로 통치하려면 노동자들의 불안을 달래 주어야 한다고 보았어. 그러면서 실업보험과 노령연금제도를 실시했지.

현재 사회보험은 나라마다 정부가 관리하기도 하고 정부와 민간이 협력해서 관리하기도 해. 우리나라에는 국가가 관리하는 건강보험·국민연금(노령연금)·고용보험(실업보험)·산재보험 이렇게 '4대 보험'이 있어(너희들도 나중에 어딘가에 취업할 때 이게 보장되는지 잘 알아봐야 해). 평소에 건강보험료를 내고 아플 때 병원비를 지원받고, 연금보험료를 내고 은퇴 후에 연금을 받지. 고용보험에 가입한 노동자는 실직하면 일정 기간 실업급여를 받아. 업무

중 다친 노동자가 산재보험을 통해 치료비를 받지. 법은 고용주의 산재보험 가입을 의무로 하고 있어. 이렇게 사회보험은 한마디로 '기여하고 나중에 돌려받는' 제도로, 기여금은 소득에 따라 다르지만 받는 액수나 서비스는 최저선 이상을 보장함으로써 고소득층에게서 그 아래로 부를 재분배하는 효과가 있어. 국가는 노동하는 사람들의 기본 복지를 위해 일정 소득 이상 버는 국민들은 사회보험에 의무적으로 가입시켜.

사회보험과 공공부조를 기반으로 하는 복지국가에서, 노동자들은 취업해서 노동하고 그 급여로 자신과 가족을 먹여 살렸어. 또 사회보험에 가입해서, 평소에 납부금을 내고 다치거나 일자리를 잃으면 보험금을 받았지. 국가는 노동자와 중산층으로부터 세금을 거두어 소수의 극빈층에게 굶어 죽지 않을 만큼의 생계보조금을 지급했어. 여기서 중요한 건, 공공부조든 사회보험이든 노동자가 취업해서 받는 임금이 없으면 굴러갈 수 없다는 거야. 그래서 20세기 서구 복지국가에서 가장 중요한 전제는 '완전고용'이었어. 노동할 수 있는 사람은 다 일자리를 갖도록 만드는 거지. 국가가 나서서 일자리를 늘리고, 경제가 성장하는 동안 기업도 고용을 늘리면서 20세기 중반까지 완전고용은 실제로 달성되는 듯했어.

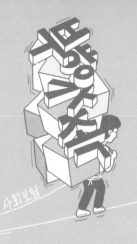

비유하자면, 20세기 복지 국가에서 노동자들은 '일자리'라는 난간에 매달려, 마치 달팽이처럼 '부양가족'이란 짐을 등에 지고, '삶'이라는 외줄 위를 걸어갔어. 외줄 저 아래는 깎아지른 듯한 절벽인데, 이 노동자의 몸을 난간에 묶어 주는 밧줄이 '사회보험'이었지. 절벽 아래 그물이 하나 펼쳐져 있어. 떨어져도 목숨만은 부지할 수 있는 '공공부조'라는 그물이.(벼랑의 비유는 야마모리 도루가 쓴 《기본소득이 알려주는 것들》(은혜 옮김, 삼인, 2018)을 참고했어.) 이러한 복지제도의 기본 원리는 21세기에도 그대로야. 복지제도는 일자리를 중심으로 구성되어 있고, 복지 지원은 엄격한 선별 심사를 거쳐 결정돼. 복지 지원을 받으려면 어딘가에 고용되어 있거나(사회보험의 경우), 고용될 수조차 없을 만큼 무력해야 해(공공부조의 경우).

조금 뒤늦게 사회보장 제도에 들어온 '사회수당'이란 것이 있어. 사회수당은 아동수당이나 장애인수당처럼 노동할 수 없는 특정 집단의 '필요'에 따라 제공돼. 개인 단위로 선별되지 않고 집단에 속하면 보편적으로 지원 받아. 다만 그 집단에 소속되었는지 확인하는 심사가 있어. 예를 들면 장애인이 맞는지, 장애가 얼마나 심한지와 같은 심사를 거치지.

기본소득은 기존 복지제도와 달라

이처럼 현재까지의 복지제도 원리는 기여한 만큼 돌려받거나, 선별해서 주거나, '필요'에 따라 주는 거야. 그런데 기본소득은 그 원리가 전혀 달라. 사회 공유부에서 각자 자신의 정당한 '몫'을 받는 것이 기본소득이지. 다음의 핵심 원칙들은 복지제도와의 차이점을 드러내.

제1 원칙, 개인에게 준다.

일반적으로 복지제도는 가구 단위로 지원해. 노동할 수 있는 사람이 그 가구의 책임자라는 전통적인 사고를 반영하여, 가구 구성원을 부양자와 피부양자로 구분해. 반면 기본소득은 이러한 구분을 거부하고 가구 구성원을 동등하게 대우해. 어른이건 아이건 상관하지 않고 제공되지.

제2 원칙, 모두에게 준다.

선별적인 자격 심사가 없어. 소득이 많건 적건, 자산을 가지고 있건 없건, 노동 능력이 있건 없건, 자기를 부양해 줄 가족 구성원이 있건 없건 따지지 않아. 재벌 기업 손자건 비정규직 노동자의 자녀건 똑같은 액수를 받아.

제3 원칙, 무조건적으로 준다.

돈을 받는 대신 노동을 해야 한다든가, 언제까지 취업을 하라든가, 돈을 쓴 내역을 보고하라든가 하는 요구가 일체 없어.

사회생활을 시작하는 청년에게 한 번에 목돈을 주자는 제안이 있어. '기초자본'이라고 하는 아이디어야. 하지만 기본소득 지지자들은 목돈보다는 정기적으로, 그러니까 다달이 또는 분기별로 생활비를 지급하는 것이 옳다고 봐.

이것이 제4 원칙이야. 정기적으로 준다!

목돈을 받으면 기회가 더 많이 열릴 것처럼 보일 수 있지만,

자칫하면 기회의 불평등은 더 커질 수 있어. 운이 나쁘거나 또는 실수로 주어진 돈을 날리면, 그 뒤로는 빈손이 되니까. 기본소득을 지지하는 이들은, 사회가 평생 최소한의 기본 생활을 보장하고 개인은 그 바탕 위에 자기 삶을 자율적으로 개척해 가는 것이 바람직하다고 봐. 공부든 창업이든 예술이든 또는 여행이나 봉사든 선택은 각자의 몫이야. 기본소득은 선택의 자유를 줘.

그와 같은 맥락에서 제5 원칙, 현금으로 준다.

기본소득은 현금으로 주는 것이 원칙이야. 현물, 즉 식료품이나 옷가지를 직접 주는 게 낫다거나, 사용처를 특정한 서비스로 제한한 '바우처(교환권)'를 주자는 주장도 있어. 그런데 이런 관점은 개인에게 현금을 주면 올바른 선택을 하지 못할 거라고 여기고, '너희에게는 이것이 필요할 거야'라고 국가가 개인의 선택을 대신해야 한다고 보는 거야. 그러나 기본소득은 각자의 자유를 늘려야 한다는 것이고, 그러려면 원하는 어떤 것과도 교환 가능한 수단, 즉 현금이 주어져야 해. 대신 각자 자기에게 필요한 곳에 돈을 쓰고, 소비에 대한 책임도 스스로 져야지.

그러면 경기도 청년기본소득처럼 특정 지역에서만 사용할 수 있는 지역화폐(지역상품권)는 기본소득이 아닌 걸까? 경기도에서는 도내 지자체마다 지역화폐로 거래할 수 있는 가맹점을 충분히 모은 까닭에 현금처럼 사용하는 데 거의 불편함이 없다고 해. 대형마트 등 매출액 규모가 큰 매장과 복권방처럼 사행성 상품을 취급하는 곳 정도만이 지역화폐 거래에서 제한돼. 이렇게 한 이유는 돈이 지역에서 순환되도록 만들어 동네 피자가게, 치킨집, 미용실 같은 지역 영세자영업 소유주들도 기본소득 정책의 또 다른 수혜자가 되도록 하기 위해서야. 돈을 사용하는 데 아주 작은 불편함(100퍼센트 원하는 대로 쓰지 못한다는)을 감수하는 대신 함께 사는 사회를 만들자는 것이니, 이 정도는 받아들일 수 있지 않을까? 실제로 경기연구원이 2019년 청년기본소득 신청자 가운데 3500명을 조사해 보니, 지역화폐 사용에 불편함이 없었다는 응답이 64.8퍼센트로, 불편하다는 응답 15.8퍼센트보다 훨씬 많았어. 그리고 응답자의 87.9퍼센트는 지역화폐로 지급하는 취지를 잘 이해하고 있다고 대답했지.

알래스카의 땅과
땅 밑에 있는 건

기본소득의 원칙을 완벽히 실현한 사례는 아직 없지만, 그에 가까운 사례는 있어. 미국 알래스카주에서 1982년부터 시행해 온 '알래스카 주민배당금'이 그것이야. 어른부터 아이까지 모든 주민이 배당금 액수가 발표되는 매년 10월 첫째 주를 손꼽아 기다린다고 해.

"올해의 알래스카 주민배당금 액수를 발표할게요. 2018년에 우리 알래스카 주민은… 짜잔! 1인당 1800달러(당시 약 200만 원)를 받게 됩니다!"

배당금 액수가 발표되는 날은 주민 축제 분위기라고 해. 알래스카 주민들은 1982년부터 주민배당금을 받아 왔는데, 그 액수가 최대일 때 약 2072달러(2015년)에 이르기도 했지.

알래스카 주민배당금은 '알래스카 영구기금배당(Permanent Fund Dividend)'이라는 제도를 통해 지급되고 있어. 알래스카에는 노스 슬로프 유전이 있는데, 주 정부는 이 유전의 채굴권을 기

업에 임대하고 그 임대료로 기금을 조성했어. 그리

고 기금을 주식, 채권 등에 투자해 그 수익을 1년에 한 번씩 알래

스카에 거주하는 모든 주민에게 배분하고 있지. 배당금이 지급

된 이래, 알래스카는 미국에서 빈부 차이가 가장 작은 주가 되었

어. 더 중요한 사실은 이 주민배당금이 사람들의 사고방식을 바

꾼다는 거야. 국내 언론사 기자가 알래스카에 가서, 왜 이 돈을 주

는 거냐며 주민들과 인터뷰를 했어. 한 꼬마가 씩씩하게 이렇게 대답했지. "알래스카의 땅과 땅 밑에 있는 건 주민 모두의 것이니까요!"

한국의 어린이에게 꿈을 물으니 '건물주'라고 대답했다는 기사를 본 적이 있어. 이 어린이는 결국 어른들을 보고 배운 게 아닐까. 땅을 사유물로 보고 투기 대상으로 보는 어른들의 생각이 아이에게 전해진 거겠지. 반면 알래스카에서는 어린이들도 '땅은 우리 모두의 것이다'라고 생각하고 있어. 30년간 시행한 알래스카 주민배당금이 그렇게 만든 배경이지. 제도가 달라지면 생각도 달라진다는 걸 알 수 있어.

알래스카 영구기금배당은 현재 그 기금이 충분히 커졌기 때문에, 앞으로 환경보호를 위해 석유를 더 이상 채굴하지 않더라도 배당금을 계속 유지할 수 있어. 배당이 시작된 지 얼마 되지 않은 1984년에 이런 설문조사를 했어. "기금이 고갈되는 경우, 세금을 올려서라도 배당을 유지하겠는가?" 이에 대해 29퍼센트의 응답자만 찬성한다고 했어. 그런데 2017년에 똑같은 질문을 했더니, 이번에는 64퍼센트가 찬성한다고 대답했지. 앞으로 석유를 더 이상 채굴하지 않게 되더라도, 주민들은 이 배당을 유지하기 위해 세금을 올리는 것도 감수하겠다는 생각이야. 자연의 부에서 나온 혜택을 자기들만이 아니라 자기들의 후손까지 계속 누리게 하자는 합의가 이뤄져 있는 거지. 그러한 합의는 마이크 던리비 현 알래스카 주지사의 말에서도 확인돼. 그는 주민배당을 가리켜 "우리 모두가 자연의 부에 관한 몫이 있다는 뜻"이라고 강조하고 있어.

알래스카 영구기금배당이 주는 교훈은? 알래스카처럼 석유가 나야 기본소득을 줄 수 있다? 아니야. 어떤 사회든 공유한 부가 없는 사회는 없어. 어느 나라든 토지가 있고 대기와 물과 주파수가 있으며 전해 내려온 지식과 문화가 존재해. 오히려 토지를 소수가 차지하고 불로소득을 가져가는 것, 대기와 물을 함부로 오염시키면서 기업이 돈을 버는 것, 주파수를 헐값에 이용함으로써 막대한 이윤을 버는 정보통신 사업자가 수익에 비해 적은 세금만을 내는 것, 공동의 지식에 일부 새로운 것을 더한 다음 지적재산권을 걸어 그 모두를 독점적으로 소유하는 것…, 이런 일들이 문제야. 중요한 건 공유부에 대해 우리가 가진 권리를 자각하는 거야.

그다음에는? 공유부에 대한 권리로서 기본소득을 당당히 요구해야 해.

1장 우리는 사회가 준 유산의 상속인

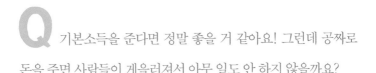

공짜로 돈을 주면
사람들이 게을러져서
아무 일도 안 하지
않을까요?

Q 기본소득을 준다면 정말 좋을 거 같아요! 그런데 공짜로 돈을 주면 사람들이 게을러져서 아무 일도 안 하지 않을까요?

A 사람들에게 "당신이 기본소득을 받으면 게으름뱅이가 될 건가요?" 하고 물으면 아무도 "그렇다"라고 대답하지 않아. 뭔가

배우겠다, 여행을 하겠다, 저축을 하겠다 등 이런저런 계획을 적극적으로 이야기해. 그런데 남들은 게을러질 거라고 걱정하지. 자기는 그러지 않을 거라고 하면서 말이야. 즉 이 생각은 그다지 근거가 없는, 타인에 대한 편견일 뿐이야.

실제로 1970년대 미국과 캐나다, 2008~2009년 나미비아, 2011~2013년 인도 등 여러 곳에서 몇몇 마을을 선정해 조건 없이 생계비를 지급하는 실험을 해 보았는데, 그 어디에서도 사람들이 게을러지지 않았어. 오히려 술 마시는 횟수가 줄고, 실업자가 직업 교육을 받고, 여성이 가게를 열고, 학업을 중단했던 아이들이 다시 학교에 돌아갔지. 삶에 희망이 안 보일 때 사람은 게을러져. 기본소득은 미래를 설계할 수 있게 해 줌으로써 사람들에게 도리어 활력을 불어넣었지.

오히려 오늘날 경제의 문제는, 부가 소수에게 집중되고 불평등이 심화되면서 열심히 일하는 사람의 삶은 나아지지 않고 부동산 등 자산을 가진 사람은 일하지 않아도 사치스럽게 살고 있다는 거야. 부자가 일하지 않고 돈을 버는 것에 대해서는 별 문제의식이 없으면서, 가난한 사람들이 기본소득을 받고 일하지 않을 거라 걱정하는 건 좀 이상하지 않아? 가난하든 부유하든 일에 짓눌리지 않고 여유로운 삶을 누릴 권리는 평등해야 해. 그 권리를 실현하는 데 기본소득이 큰 역할을 할 수 있지.

물론 갑자기 너무 많은 액수가 제공된다면, 사람들이 한꺼번에 일손을 놔 버릴 수 있어서 경제에 충격을 줄 수도 있겠지. 그런데 사람들은 얼마를 받으면 일손을 놔 버릴까? 최근에 서울 청년들을 대상으로 한 어느 설문조사에서 가장 많은 응답자가 "한 달에 500만 원이 생기면" 지금 하는 일을 그만두겠다고 대답했어. 그보다 적은 액수의 기본소득이라면, 일하는 시간을 줄이기는 하더라도 일 자체를 그만두지 않겠다는 거지. 그러나 기본소득을 당장 500만 원이나 주게 될 가능성은 전혀 없어. 당장은 최대 몇십만 원 정도의 최저생계비 수준이 될 거야. 그걸 받고 사람들이 게을러지지는 않아. 하던 일을 계속하면서 월급과 상관없이 꾸준히 들어오는 돈을 받아 좀 더 넉넉하게 생활하는 걸 택하겠지. 아니면 급여를 조금 적게 받더라도 진정 해 보고 싶었던 일을 시작할 거야!

2장

어디에서
온 걸까,
기본소득
아이디어

↖ 고대 로마를 지탱했던
빵과 서커스 ↘

    '모든 개인에게, 심사 없이, 조건 없이, 정기적인 현금으로 준다'는 기본소득의 구체적 원칙들은 1986년에 벨기에서 '기본소득유럽네트워크'가 창설될 때 정해졌어. 그러나 기본소득의 배경에 있는 철학은 그보다 훨씬 역사가 깊어.

    기본소득의 배경 철학은 크게 두 가지야. 첫째, 공동체는 그 구성원의 기초적인 생계를 보장해야 한다. 둘째, 공동체의 부는 어느 개인의 것이 아니며 모두가 이익을 나눠야 한다. 이 사상을 보여 주는 역사적 사례는 너무나 많지만, 몇 가지 예만 들어 볼게. 우선 공동체 구성원의 기초 생계를 보장해야 한다는 생각은 고대까지 거슬러 올라가서 발견할 수 있어.

    먼저 고대 로마로 한번 가 볼까? 혹시 '빵과 서커스'란 말을 들어 봤니?

고대 로마에서 황제나 귀족들은 종종 민중에게 무료로 식량과 오락을 제공했는데, 이를 함축적으로 '빵과 서커스'라고 부르지. 로마인들이 쓰던 라틴어로는 '판엠 엣 키르켄세스(panem et circenses)'라고 해. 판엠은 빵이고, 키르켄세스는 원형경기장을 가리키는 '키르쿠스(circus)'에서 나온 말로 검투시합 등 거기서 열린 경기들을 가리켜. 오늘날 '빵과 서커스'는 다소 부정적인 의미로 이해되고 있어. 정부가 대중의 환심을 사기 위해, 또 대중이 정치로부터 멀어지게 하려고 그런 정책을 실시했다고 보는 거지. 하지만 그건 고대 로마에서 빵과 서커스가 갖는 의미를 일면적으로만 이해한 거야. 실제로 빵과 서커스는 국가를 안정적으로 유지하기 위해 필요한 정책이었어. 국가가 시민의 기초 생활을 보장해 주어야 시민에게 노동과 납세와 병역 등을 요구할 수 있었으니까. 그리고 특히 빵, 그러니까 식량의 무료 제공은 일종의 기본소득이라 할 수 있어.

로마에서 식량 배급은 대토지 소유 귀족의 부를 가난한 평민에게 재분배하는 것이어서, 귀족은 당연히 반발하고 평민은 지지하는 가운데 정치 투쟁이 격렬히 벌어졌지. 기원전 121년에 호민관 가이우스 그라쿠스는 '곡물법'을 통과시켰는데, 이는 주기적으로 발생하는 식량 위기에 대처해 평민의 삶을 보호하려는 것이었어. 그라쿠스 곡물법의 내용은 매년 수확된 밀 가운데 일정량은 시가의 절반 가격으로 판매해 가난한 사람들이 식량을 구할 수 있도록 하는 거였어. 밀 가격을 떨어뜨리는 대신 정부가 상인에게 그만큼의 액수를 보전해 주었지. 그럼에도 대토지 소유 귀족은 곡물 가격이 저렴하게 유지되는 것을 싫어했어. 곡물 가격이 올라야 자기들의 부가 더 증가할 테니까 말이야. 귀족들은 폭도들을 사주해 그라쿠스를 공격했고, 그라쿠스는 대낮에 살인자들에 의해 목숨을 잃고 말았지.

기원전 58년, 호민관 클라우디우스는 곡물을 판매하는 대신 무상으로 배급하는 정책을 실시했어. 클라우디우스의 정책으로 로마의 가난한 시민 약 4만 명이 식량을 배급받았지. 배급할 곡물은 부유한 귀족들에게서 기금을 모아 마련했어. 공화정 말기에 가서는 곡물 배급을 받는 사람들의 수가 늘어나 거의 32만 명에 이르렀어. 그 수가 너무 늘자 율리우스 카이사르는 배급 받을 자격을 가진 사람을 15만 명으로 감축하기도 했어.

이런 우여곡절을 겪으면서도 곡물 무상 배급은 기원 후 4세기까지, 즉 로마가 존속하는 내내 주기적으로 시행되었어. 곡물 배급은 로마에 거주하는 가난한 시민들의 생계에 큰 도움이 됐고, 미흡하나마 부의 재분배를 이뤄 귀족과 평민 사이의 정치적

긴장을 어느 정도 해소했어. 로마가 대제국으로 번영하는 과정에서 그 밑바탕에는 사회를 통합하는 이런 제도가 있었던 거지. 그런데 곡물 무상 배급에서 중요한 점은, 이 제도가 단순히 빈민을 먹여 살리기 위한 대책이 아니라 로마 시민의 권리로 여겨졌다는 거야. 소득이나 재산하고는 상관없이 로마 시민(populus)으로 기록되어 있기만 하면 곡물 배급을 받을 수 있었다고 해.

경주 최 부잣집이 난리 통에도 무사했던 이유

기본소득의 바탕에 있는 철학을 찾아 이번에는 근대로 가 보자. 16세기 영국의 대법관 토머스 모어는 《유토피아》(1516)라는 책을 써서 영국의 빈부 격차를 비판하고 이상적인 사회상을 제시했어. 《유토피아》에는 기본소득의 철학이 등장해. 책 속에서 지은이의 뜻을 대변하는 한 인물은, 나라마다 도둑들을 공개 처형해서 일벌백계하는데도 도둑질이 사라지지 않는 현상에 대해 그건 방법이 잘못되었기 때문이라고 날카롭게 비판해. 그는 "배고픔에 시달리는 이들이 현재 도둑질 외에는 음식을 구할 다른

마땅한 방법이 없다"라며, "도둑질을 저질러 범죄자가 된 다음 교수형에 처하기보다, 차라리 앞서서 생필품을 무료로 나눠 주는 게 낫다"고 말하지. 끔찍하고 효과도 없는 처형을 반복하느니 식량을 무상 공급하는 것이 보다 인간적이고 범죄 예방에도 효과적이라고 본 거지.

《유토피아》에 담긴 사상을 현실에서 이루려고 노력한 인물이 있어. 스페인 발렌시아 출신 인문주의자 요하네스 루도비쿠스 비베스야. 그는 오늘날 공공부조와 유사한 제도를 구상했고, 1526년에 벨기에 브루게(Brugge)시 시장의 의뢰를 받아 '가난한 사람을 위한 원조 방안'이라는 보고서를 작성해서 브루게 시장에게 보냈어. 보고서에서 비베스는 시 정부가 모든 거주자들의 최소 생계를 보장하는 정책을 시행하라고 제안했어. 비베스는 "정부는 그 어떤 이도 굶어 죽게 해서는 안 된다"는 책임을 강조하면서, 정부가 교회와 부자로부터 공적 기금을 조성해 빈민에게 일자리, 아이들 학교 교육 그리고 최저생계비를 제공하

라고 했어. 왜 부자들이 돈을 내야 하느냐? 이에 대해 비
베스는 부는 하느님이 창조하여 모든 자녀가 함께 누리도록 준
선물이라고 강조해. 부자들의 부는 사회의 도움 없이는 아예 만
들어질 수도 없다고 하면서 말이야.

우리나라에도 많은 사례가 있지만 조선 시대 경주 최
부잣집의 예를 보자. 최진립을 시조로 하는 경주 최
씨 가문은 17세기 이래 300년 동안 조선 최고 부자 가
문이었어. 무장인 최진립이 임진왜란과 정유재란에서
공을 세우고 받은 포상과 이후에도 관직에 있으면서 모은 재산
을 바탕으로 그의 후대부터 땅을 사고 그 땅을 늘려 갔지. 새로운
농사 기법을 도입하고   소작농민과 좋
은 관계를 유지하는   등 남다른 요령
으로 최 씨 가문은   대를 거듭할
수록 큰 부자가 되

었어. 최 부잣집이 남달랐던 점은 매년 수입의 3분의 1을 가난한 사람을 위해 베푼다는 원칙을 실천했다는 거야. 19세기에 지나친 수탈로 고통 받고 궁핍에 시달린 농민들은 종종 민란을 일으켰고, 평소 탐욕스러웠던 다른 부잣집들은 그때마다 농민들에게 심한 보복을 당했어. 그러나 그럴 때에도 최 부잣집은 무사했는데, 평소 나눔으로 덕을 쌓았기에 가능했지.

경주 최 부잣집에는 여섯 가지 가훈이 있었어.

제1훈. 절대 진사 이상의 벼슬은 하지 말라.

제2훈. 재산은 1년에 1만 석 이상을 모으지 말라.

제3훈. 나그네를 후하게 대접하라.

제4훈. 흉년에는 남의 논밭을 매입하지 말라.

제5훈. 시집온 며느리들에게 3년 동안 무명옷을 입혀라.

제6훈. 사방 백 리 안에 굶어 죽는 사람이 없게 하라.

흉년에 굶주리는 농민들은 당장 먹을 식량이 필요해서 자기가 가진 논밭을 헐값으로 내놓고는 했어. 부자들은 농민의 피땀이 들어간 논밭을 '똥값'으로 사들여 제 땅을 늘렸지만, 최 부잣집은 그런 방법은 옳지 않다며 하지 않았어. 무엇보다 제6훈은 부를 적극적으로 공동체와 나누겠다는 의지를 담고 있어. "가난은 나라님도 구제하지 못한다"며 체념하는 게 당연하던 시대에, 나라가 하지 못한 '사회보장제도'를 스스로 운영했던 거야. 최 부잣집은 일제 강점기에 재산을 독립운동 자금으로 기부했고, 해방 후에는 사회에 공헌하기 위해 남은 재산을 털어 대학을 세워. 한국의 '노블레스 오블리주'라고 부를 만하지.

자선이 아닌 권리, 박애가 아닌 정의!

"공동체의 부는 어느 개인의 것이 아니며 거기서 비롯된 이익은 모두가 나눠야 한다"는 생각도 역사 속에서 자주 발견돼. 최초로 구체적인 제안을 한 사람은 미국의 독립혁명가 토머스 페인이었어.

페인은 영국에서 태어나 코르셋 제조업자 아버지 밑에서 자랐어. 교육이라곤 겨우 읽고 쓰는 정도에 그쳤지만 독학으로 당대의 사상가가 되지. 미국에 건너간 그는 《상식》(1776)을 써서 아메리카 시민이 영국으로부터 독립해 새 나라를 세우는 게 '상식'이라고 사람들을 설득했어. 당시 아메리카 백인 인구 200만 명 가운데 50만 명이《상식》을 읽었으니 그의 주장은 가히 독립혁명 당시 시민들의 '상식'이 되었다고 해도 무방하지. 미국의 독립 이후에 페인은 프랑스로 건너갔다가 프랑스 대혁명에도 참여했고, 프랑스 대혁명의 정당성을 옹호하는《인간의 권리》(1791)를 집필했지.

그 뒤 페인은《토지의 정의》(1797)라는 책을 쓰는데, 여기서 페인은 토지의 사유화야말로 사회 불평등의 주범이라고 비판해. 실은 장 자크 루소 등 많은 계몽 사상가가 토지 사유화를 비판해 왔어. 페인은 토지는 인간이 스스로 만들어 낼 수 없는 '신이 준 선물'이라는 관점에서, 토지 점유자에게서 사용료를 거두고(페인은 상속세로 사용료를 받자고 했어), 그것으로 기금을 조성해 시민들에게 동등하게 나눠 주자고 했어.

페인은 50세가 넘은 노령자에게 해마다 10파운드씩 연금을 주고, 사회 활동을 막 시작하는 20세 된 남녀에겐 '출발 자금'으로 15파운드를 일시불로 주자고 제안했어. 10파운드는 당시 농업 노동자 한 해 소득의 절반쯤 되는 돈이었어. 페인은 토지 수익에 근거한 기본소득을 제안한 것인데, 오늘날 기본소득 지지자들은 그 제안이 '최초의 토지배당'이라고 생각해. 게다가 남성뿐만 아니라 여성에게도 똑같이 배당금을 준다는 것도 그 시대 기준에서는 꽤 앞선 생각이었지. 페인은 이렇게 말했어. "내가 주장하는 건 자선이 아니라 권리이며, 박애가 아니라 정의다."

'최소소득'과 '토지배당'이라는 용어를 구체적으로 제안한 이는 19세기 벨기에의 사상가 조셉 샤를리에야. 그는 현대 기본소득으로 가는 중요한 길을 닦았어. 조셉 샤를리에는 20대부터 혁명적 사상가의 길을 걸어 1848년에 자기의 구상을 담은 첫 책 《인도주의적 새 헌법》을 출간했지. 그 책에서 샤를리에는 이렇게 주장해. "신이 창조한 공동재산인 토지에서 발생하는 수익을 사회적 소유로 삼고, 그것으로 최소한의 소득을 모두에게 조건 없이 보장하라."

1848년은 유럽 전체가 혁명의 기운으로 들썩이던 해였어. 프랑스, 독일, 벨기에 등 곳곳에서 시민과 노동자가 국왕 및 보수 귀족에 맞서 봉기를 일으켰지. 샤를리에는 혁명의 열기가 끓는 벨기에 브뤼셀에서 책을 쓰고 있었는데, 흥미롭게도 같은 도시 어딘가에서 또 한 사람의 위대한 사상가가 세상에 남을 책을 쓰고 있었어. 너도 한 번은 들어 봤을 이름, 칼 마르크스. 그리고 《공산당 선언》. 마르크스와 샤를리에가 만났다는 기록은 없어. 하지만 두 급진적인 사상가는 어떤 식으로든 서로를 알고 있지 않았을까? 만약 그들이 한 도시에 살면서 우연히 식당 같은 데서 만났다면…?

샤를리에 아니, 이런 우연이 있나! 존경하는 칼 마르크스 씨, 안녕하세요? 저는 조셉 샤를리에라고 합니다. 당신이 쓰신 《공산당 선언》을 읽었는데, 진정 역사에 남을 저작입니다!

마르크스 오호, 조셉 샤를리에 씨, 반갑습니다. 저도 당신이 쓴 《인도주의적 새 헌법》을 읽었습니다. 아주 인상적인 저작이더군요.

샤를리에 《공산당 선언》의 끝에 쓰신 "만국의 노동자여 단결하라!" 부분에서 찌릿 전율이 흐르더군요. 당신은 토지나 공장 같은 생산수단을 자본가의 소유로부터 노동자 전체의 소유로 바꿔야 한다고 주장하셨지요?

마르크스 그렇소. 생산수단을 노동자들이 가져야만 궁핍과 인간 소외를 끝내고 해방된 공산주의 사회로 갈 수 있소. 샤를리에 선생은 토지를 개인이 아니라 사회가 소유하고 토지 활용의 수익을 모두에게 나누어 주자고 하셨지요?

샤를리에 그렇습니다. 노동자들이 생산수단을 차지하는 것도 중요하지만, 노동을 하건 안 하건 사회 구성원이라면 최소한의 소득을 평등하게 제공받아야 한다고 봅니다. 토지는 인류 공동의 재산이기에 토지 사용료를 사회가 거두어 모든 시민에게 '토지배당'을 주자는 것이지요. 토지배당금을 정기적으로 주면 사회에 빈곤이 사라질 것입니다.

마르크스 토지를 개인이 차지해선 안 된다는 주장에는 전적으로 동감합니다. 그런데 일하지 않는 사람에게도 똑같이 돈을 준다니 좀 이상하게 들립니다. 내게는, 일하지 않는 자본가들이 노동자들의 생산물을 가져가 버리는 게 해결해야 할 더 중요한 문제로 여겨집니다만.

어때, 이런 대화를 나눴을 거라고 상상해 볼 만하지 않아? 마르크스나 샤를리에 모두 인간 해방을 꿈꿨는데, 마르크스의 사상이 근대 노동운동의 발전에 기여했다면, 샤를리에 사상은 기본소득 운동에 토대를 닦았다고 할 수 있어. 노동운동은 노동자의 노동에 대해 정당한 대가를 달라고 요구했어. 기본소득 운동은 노동을 하건 안 하건 사회 공동재산에 대해 각자가 가진 권리를 강조했지. 후자의 철학은 국민배당, 사회배당, 시민급여, 시민보조금 등 다양한 이름으로 불리며 이어졌고, 존 스튜어트 밀, 버트런드 러셀, 에리히 프롬, 제임스 미드 같은 뛰어난 학자와 사상가에 의해 정교하게 다듬어졌어.

그러다가 1986년에 벨기에 루뱅에서 '기본소득유럽네트워크'가 창립되면서 현대적이고 본격적인 기본소득 운동이 시작되었어. 기본소득유럽네트워크는 2004년에 '기본소득지구네트워크'로 이름을 바꾸면서 조직을 세계로 확대했고, 한국도 '기본소득한국네트워크'를 창립해 기본소득지구네트워크에 가입했어.

↖ 마틴 루터 킹도 몰랐던
그녀들의 억울함 ↘

　　기본소득의 역사는 기본소득의 철학이 발전해 온 역사이기도 하지만, 기본소득을 요구하는 사회운동의 역사이기도 해. 그 사회운동 가운데 1960년대와 1970년대에 미국과 유럽에서 벌어진 몇몇 사건들은 주목할 가치가 있어.

　　마틴 루터 킹이라는 이름을 아니? 목사이자 신학박사이고, 1950~1960년대 미국 흑인의 시민권 운동을 이끈 인물이야. 그 당시 미국 남부 주에서 흑인들은 투표권을 행사할 수 없었고 백인들과 한 학교에 다닐 수도 없었지. 킹은 비폭력 운동으로 이런 상황에 맞섰고, 투표를 비롯한 여러 사회적 권리에서 인종차별을 없애는 법을 만드는 데 큰 역할을 했지. 미국에서 아무리 훌륭한 사람이라도 탄생일을 국경일로 삼은 건 딱 두 사람의 경우뿐인데, 한 명은 초대 대통령인 조지 워싱턴이고 다른 한 명은 마틴 루터 킹이야. 그만큼 킹은 지금에도 미국인에게 존경받는 인물이지.

마틴 루터 킹은 흑인 참정권 운동이 어느 정도 성과를 거두자, 이번에는 미국의 가난한 사람들의 처지에 눈을 돌렸어. 킹은 "저 사악한 베트남 전쟁을 치르고 달에 사람을 보내는 데 막대한 돈을 쓰는 나라라면, 하느님의 자녀가 이 땅에 제 발로 서는 데 필요한 돈도 충분히 내놓을 수 있다"라며, '보장된 최소소득(guaranteed minimum income)'을 도입하라고 정부에 촉구했어. 보장된 최소소득 또는 최소소득 보장은 기본소득과 비슷한 현금 지원이야. 킹은 왜 이러한 요구를 하게 되었을까?

킹이 '전국복지권운동(National Welfare Right Organization)'이라는 단체에 가서 연설을 한 후, 그 단체의 회원들로부터 질문을 받았는데 제대로 답하지 못했어. 킹이 대답을 잘 못하자 전국복지권운동의 사무국장 조니 틸먼이 말했어. "목사님, 모르시면 모른다고 하셔야 합니다." 킹은 대답했지. "맞습니다, 틸먼 씨. 나는 복지제도에 대해 잘 모릅니다. 배우러 왔습니다."(《기본소득이 알려주는 것들》)

킹은 복지제도에 대해 왜, 무엇을 모른다고 한 걸까? 전국복지권운동의 회원은 주로 가난한 흑인 싱글 맘('비혼모'라고도 해)들이었어. 이들은 정부로부터 생계보조금을 받아 생활했는데 그러면서 복지제도의 문제점을 몸으로 느끼고 있었지. 그 문제점이란 당시 복지제도의 선별 지원 원리와 관련이 있어.

선별 지원 원리란 도저히 일할 수 없는 처지의 사람만 선별해서 생계 수단을 지원하는 거야. 일할 수 있는 사람은 일자리를 갖고 세금을 내도록 유도해. 그런데 싱글 맘은 젊으니 신체적으로는 건강하지만, 혼자 어린아이를 키워야 해서 풀타임으로 일할 수는 없어. 그런데 정부는 이런 이들을 '일할 수 있으면서 게으른 탓에 놀고먹으며 세금만 축내는 존재'로 취급했어. 흑인 차별까지 겹쳐, 흑인 싱글 맘들은 생계보조금을 타러 정부 복지기관을 찾아가면 복지 심사관들에게 온갖 까다롭고 모멸적인 심사를 받았어. 복지 심사관들은 일할 수 있으면서 거짓말로 돈 타 가는 거 아니냐며 강압적으로 대했고, 더 이상 아이를 낳지 않도록 불임수술을 받으라고 강요했어. 게다가 보조금 액수는 입에 풀칠할 만큼 적었고 금액도 자주 바뀌었지.

흑인 여성들은 차별적인 심사에 반대하기 위해 뭉쳤어. 그들은 조건 없이 '충분한 복지'를 제공하라며 행동하기 시작했어. 시위하고 행진하며 전국복지권운동도 조직했어. 마틴 루터 킹은 이 흑인 여성들의 활동에 감명 받았고, 그들과 함께 1968년 4월 '가난한 사람들의 행진'이라는 대규모 시위운동을 조직하기로 했어. 미국 곳곳에서 가난한 흑인과 백인이 어깨를 나란히 하고 행진하여 수도 워싱턴 D. C.로 모이기로 한 거야. 그들은 행진하며 적절한 일자리, 임대주택 그리고 보장된 최소소득, 즉 기본소득을 요구하기로 했지. 이 행진은 세계 최강대국이라는 미국 내부에 심각한 빈부 문제가 있음을 알리는 것으로, 시작하기 전부터 엄청난 관심과 논쟁을 불러일으켰지.

그러나 안타깝게도 킹은 행진이 시작되기 직전인 4월 4일 멤피스시에서 백인 보수주의자의 총에 암살당하고 말아. 킹이 죽고 나서 미국 정부는 '가난한 사람들의 행진'을 대대적으로 탄압해. 조니 틸먼을 비롯해 전국복지권운동 회원들도 다수 체포되었어. 킹의 암살범은 붙잡혔지만, 실은 아직까지 암살이 그의 단독 범행인지 배후가 있는지 명확히 밝혀지지 않았어. 킹이 죽은 뒤 그가 하려던 운동이 탄압당했다는 걸 고려하면, 킹과 가난한 흑인들이 정부에 요구한 것들이 너무나 급진적인 까닭에 보수 세력들이 킹을 막으려고 암살을 사주한 것은 아닐까 하는 의심마저 들어.

왜 그녀들은 가사노동에 임금을 달라고 했을까?

1971년, 이번에는 이탈리아 북부 파도바시에서 또 다른 중요한 사건이 벌어져. 이탈리아에서 1969년에 수백만 노동자가 참여한 총파업이 있었는데, 총파업이 사회에 미친 영향으로 여러 사회운동이 일어나. 그 가운데 하나가 파도바 여성들의 '가사노동에 임금을' 운동이야.

"청소, 세탁, 다림질, 바느질, 요리, 아이 돌보기 등 여성들이 해 온 이러한 모든 노동은 다른 노동과 동일한 노동이다. … 청소는 남녀 누구든 하고 싶은 사람이 맡아야 한다. 그 일은 지자체나 국가로부터 보수를 받아야 한다." — 1971년 파도바 여성들의 선언

가사에 월급을 달라? 식사를 차리고 청소와 빨래를 하고 아이를 돌보는 일은 가족에 대한 사랑으로 하는 것 아니었나? 하지만 고된 가사 노동은 당연히 여성의 일이라는 생각을 '사랑'을 내세워 강요해 온 것도 사실이야. '가사노동에 임금을' 운동 참여자들은, '가족에 대한 사랑'이란 명목으로 여성에게 떠맡겨진 '공짜

노동'을 거부하겠다고 선언했어. 그들은 가사노동도 엄연히 노동이고, 이에 대해 사회가 보상하라고 요구했어. 이 운동은 유럽 여러 나라와 미국으로 빠르게 퍼져 갔어. 압권은 1975년 아이슬란드에서 벌어진 '여성 총파업'이었어. 아이슬란드 전체 여성 인구 20만 명 중에 2만 명이 수도 레이캬비크의 광장을 점령했지. 여성들은 직장에서의 임금 차별에 반대했고, 가사노동에도 임금을 지불하라고 요구했어. 이때 직장에 다니는 여성은 업무를 중단했고, 가정주부 여성은 집안일을 멈췄어. 회사에서는 사무실에 캔디나 색칠도구를 갖다 놓아야 했대. 아빠가 아이를 데리고 출근해야 해서 근무 시간에 아이에게 줄 것이 필요했기 때문이지. 총파업 이후 아이슬란드의 남녀 임금 격차는 크게 줄었고, 여성에 대한 복지도 확충됐지.

그런데 '가사노동에 임금을' 운동은 "여성이 가사노동을 하니 여성에게 보상하라"는 뜻이 아니야. '가사노동은 원래 여성의 일'이라는 인식 자체가 성차별적 고정관념이므로 깨자고 한 거지. 가사노동이 사회 유지에 필요한 노동임을 인정하고, 누가 하든 그의 노동에 대한 보상을 사회로부터 받아야 한다고 한 거야. 여기에 이 운동이 던진 중요한 메시지가 있어. 직장에 고용되어 있는 사람만이 사회에 유의미한 노동을 하는 게 아니라는 것. 집안일을 하고 아이와 노인을 돌보는 등, 고용되어 있지 않더라도 사람들은 사회에 필요하고 의미 있는 노동을 하고 있다는 거지. 그렇다면 고용된 사람에게만 소득을 제공하는 건 잘못이 아닐까? 고용 여부를 떠나 누구나 사회로부터 소득을 받아야 해.

1960년대 말, 영국에는 '복지청구인조합'이 만들어져 활동했어. 복지청구인조합이라니 좀 어려운 이름이지? 정부에 생계보조금을 청구해야 하는 사람들이 결속한 단체라고 보면 돼.

영국 정부도 노동할 수 없는 여건에 놓인 사람들에게 약간의 생계보조금을 지급했어. 생계보조금을 받아 살아가는 사람들은 혼자 아이를 키우는 여성, 환자, 장애인, 고령자 등 다양했지. 생계보조금을 청구하러 관공서에 간 '복지 청구인'들은 심사관으로부터 아주 까다로운 심사를 받았어. 심사관들은 복지 청구인들을 '세금을 축내는 자'라는 시각으로 대했지. 심사관의 자의적 판단에 따라 보조금 액수도 제각각이었어.

특히 심사관들은 여성 청구인에게 성차별과 성희롱을 일삼았어. 심사관들은 여성 청구인들에게 '동거규칙'을 지킬 것을 요구하며 지키지 않으면 보조금 자격을 박탈한다고 협박했지. 동거규칙이란 여성 청구인은 성인 남성과 동거해서는 안 된다는 거야. 여성에게 남편이나 남자 애인이 있으면 그들의 도움을 받을 수 있으므로, 보조금은 남자에게서 아무 도움을 받지 못하고 있음을 증명한 여성에게만 준다는 거야. 동거규칙은 여성을 남자에 의존하는 존재로 본다는 점에서도 잘못이지만 심각한 사생활 침해를 가져오기도 했어. 동거규칙을 근거로 심사관들은 불시에 여성 청구인의 집에 들어가 남자가 있는지 확인하고는 했어. 복지의 이름으로 이런 인권 침해가 행해졌어.

청구인은 혼자서는 심사관들에게 대항할 수 없었어. 그래서 그들은 복지청구인조합을 만들었고, 같이 관공서로 몰려가 성차별을 하는 심사관을 혼내 주고 보조금을 얻어 냈어. 이렇게 투쟁하면서 복지청구인조합은 생계보조금이 아니라 조건 없는 기본소득의 필요를 느끼게 됐지. 복지청구인조합은 1970년에 전국적인 조직을 발족하고 다음과 같이 주장했어.

"사회 구성원은 자격 심사 없이 충분한 소득을 받아야 한다. 이 소득은 개인 단위로 지급되며, 고용 여부나 혼인 여부와 무관하게 보장되어야 한다." ― 복지청구인헌장

미국과 이탈리아 그리고 영국의 사례는 고용되어 있지 않다는 이유로 인권과 시민권을 차별받았던 사람들이 자기들의 권리를 요구하며 싸운 이야기야. 그들은 그 싸움의 과정에서 자연스럽게 '조건과 차별이 없이 제공되는 소득'의 아이디어로 다가갔어. 이러한 크고 작은 실천들이 오늘날 기본소득 운동의 싹을 틔우는 밑거름이 되었지.

그런데!

기본소득은 각자에게 얼마를 주나요?

Q 그래서! 기본소득은 각자에게 얼마를 주나요? 액수를 정하는 기준은 뭔가요?

A 기본소득은 원칙적으로 '충분히' 주는 게 목표야. 충분하다는 건 다소 모호한 표현이지만, 일차적으로는 사회 구성원이

최소한의 인간다운 생활을 하는 게 가능해야 한다는 뜻이야. 물론 얼마가 '최소한의 인간다운 생활'의 기준인지 단 하나의 답은 없어. 그러나 참고할 수 있는 기준들은 있어.

최소한의 인간다운 생활이 절대적 빈곤만은 피하는 정도라고 해 보자. 이건 아주 보수적으로 해석하는 것이지. 절대적 빈곤 상태는 당장 먹을 것이 없어 굶거나 지붕 있는 거처를 구할 수 없는 상태야. 우리나라에는 기초생활보장제도가 있어서 국민이 이 수준으로 떨어지는 건 막아 주고 있어. 기초생활보장제도에 따라 정부는 빈곤층에게 '생계급여'를 제공하는데, 생계급여의 기준은 그해 중위소득의 30퍼센트에 해당하는 액수야. 중위소득이란 전체 가구를 한 줄로 세웠을 때 딱 중간에 위치한 소득으로, 복지제도에서 중요시하는 기준이야. 2019년에 1인 가구 중위소득의 30퍼센트는 약 51만 원으로, 정부는 월 51만 원보다 소득이 적은 1인 가구에게 부족한 만큼의 차액을 지급해. 예를 들어, 월소득이 30만 원인 1인 가구가 기초생활 수급자로 선정되면 정부는 21만 원을 생계급여로 지급해 줘.

만약 기본소득으로 1인당 60만 원을 준다면? 이론적으로는 누구라도 더 이상 절대적 빈곤에 빠지지 않게 되는 거지. 게다가 기본소득은 그 사람이 일해서 버는 소득에 더해 온전하고 균등하게 주는 것이므로, 월 30만 원을 버는 사람은 기본소득을 받아 90만 원의 소득이 생겨. 기본소득이 기초생활보장제도의 생계급여보다 가난한 사람들의 생활 보장에 더 유리하다고 할 수 있어.

최소한의 인간다운 생활을 사회복지 개념인 '최저생계비'로 해석할 수도 있어. 최저생계비는 절대적 빈곤으로 추락하지 않도록 하는 것 이상으로, 기본적인 사회문화적 욕구를 충족하며 살 수 있는 비용을 말해. 우리나라에서는 중위소득의 60퍼센트를 최저생계비로 인정하는데, 2019년에 1인 가구 기준으로 최저생계비는 약 102만 원이야. 기본적인 의식주를 해결하고 친구와 어쩌다 영화도 보고 연인과 데이트도 하는 등 약간의 문화생활을 할 수 있는 정도지. 기본소득을 최저생계비를 고려해서 정한다면 적어도 1인당 월 100만 원은 주어야 할 거야. 기본소득만 가지고 생활이 가능하고, 자신이 원하는 사회 활동에 참여하려면 말이야.

이 정도라면 충분한 걸까? 로봇과 인공지능이 인간이 해 오던 노동을 대부분 대신할 수 있게 된 시대야. 이제 한 걸음 더 나아가, 생계 노동에서 완전히 해방되는 동시에 생계 노동에 매여 지내던 때보다 더 풍족하고 자유로운 삶을 꿈꾸어도 되지 않을까? 생계 노동에서 벗어나 기본소득으로 생활하면서 과거에는 귀족들만 즐긴 지적이고 창의적인 과제들을 수행하는 것, 그것이 이 시대의 새로운 이상이 될 수는 없을까? 사회에 불평등하게 퍼져 있는 부를 공평하게 재분배하면 못할 것도 없어. 이건 기본소득의 '해방적 목표'야.

그렇지만 기본소득 운동의 일차적인 목표는 그보다는 현실적이야. 예를 들어 기본소득한국네트워크는 우선은 1인당 매달 30만 원을 지급하자고 해. 우리나라의 조세 부담률을 OECD(경제협력개발기구) 평균 수준으로 끌어올릴 때 추가로 확보된 재정을 국민에게 나눠 주면 그 정도야. 만약 조세 부담률을 북유럽 복지 국가 수준으로 더 끌어올리면 매달 60만 원의 기본소득을 지급하는 것도 가능해.

3장

오늘날
기본소득이
더욱 절실해진
까닭

↖ 이놈아, 나가서
뭐라도 일을 해! ↘

농경 사회인 300년 전 조선 시대를 상상해 볼까? 농부인 아버지가 논에서 종일 땀 흘리며 일하다 집에 오니 덩치 큰 아들이 방구석에서 잠만 자고 있는 거야. 아버지는 화가 나서 아들에게 '등짝 스매싱'을 날리며 이렇게 고함치겠지. "야, 이놈아. 잠만 자지 말고 나가서 뭐라도 일을 해!"

눈을 뜬 아들은 아버지가 무서워서라도 뭔가 일을 하겠지. 뒷산에 나무를 하러 가거나 소를 몰고 나가 풀을 뜯기거나 방에 앉아 새끼라도 꼬든가 할 거야. 농경 사회에서는 할 일은 얼마든지 있었고, 필요한 건 일을 하려는 의지와 부지런함이었어. 일의 영역과 삶의 영역이 구분되지 않던 시대였지. 그러나 산업사회가 되면서 사정은 완전히 달라졌어.

산업사회의 한 가정에서, 일하지 않고 집에서 빈둥거리는 아들을 본 아버지가 마찬가지로 등짝 스매싱을 날리면서 이렇게 말한다고 해 보자. "야, 이놈아. 나가서 삼성이나 현대 같은 곳에 취직을 해!" 좀 황당하겠지? 삼성이나 현대에 들어가고 싶다고 들어갈 수 있는 게 아니잖아? 그런데 실은 삼성이든 현대든 그 어떤 회사든, 산업사회에서 일을 하려면 자기가 일할 의지가 있는 것과는 별개로 어딘가에 '고용'이 되어야만 해. 그 사람을 고용해 주는 고용주 또는 기업이 없으면, 본인에게 일할 의지가 넘친다 해도 일할 수가 없어. 산업사회에서 생계를 유지하려면 가장 일반적인 방법은 어딘가 고용되어 고용주가 시키는 일을 하고 임금을 받는 것, 즉 '임금노동'에 종사해야 해.

다행히 경제가 빠르게 성장하는 한에는 임금을 주는 일자리도 늘어났어. 사람들은 학교를 졸업하면 자연스럽게 취업을 했고, 취업한 직장에서 월급을 받아 자신과 가족의 생계를 책임졌지. 열심히 일하면 월급도 올랐고, 큰 잘못을 저지르지 않는 한 들어간 직장에서 정년을 다 마쳤어. 그들이 꼬박꼬박 내는 세금으로 국가는 복지제도를 확충할 수 있었어. 국가는 일할 수 있는 사람은 다 일자리를 갖게 한다는 '완전고용'을 목표로 적극적인 일자리 확대 정책을 폈지. 20세기 중반에 선진국들은 '완전고용에 바탕을 둔 복지국가'라는 목표로 나아갔고, 20세기 후반에는 한국 등 중진국들도 선진국이 간 길을 필사적으로 좇아갔어.

'일자리를 원하면 누구나 일자리를 구할 수 있고, 더 노력하면 남보다 좋은 일자리를 잡는 게 가능하다.' 이 생각은 20세기 후반까지 당연한 상식으로 여겨졌어. 좋은 일자리는 계속 늘어날 것이고, 개인의 삶과 사회가 함께 더 풍요로워질 거라고 모두들 믿었지. 하지만 오늘날, 그 믿음은 깨져 버렸어. 완전고용에 바탕을 둔 풍요롭고 평등한 사회라는 목표는 벽에 부딪쳤어.

↖ 이렇게 편리해진 세상, 사람은 뭐 하지? ↘

사거리에서 자동차들이 신호 대기도 없이 동시에 사방에서 들어와. 차들은 속도를 줄이지도 않아. 그런데도 서로 스치지도 않고 절묘하게 빠져나가. 차들이 쌩쌩 지나가는 사이로 사람들이 걸어가고 자전거가 달려. 심지어 보행자는 주변에 관심 없다는 듯 휴대폰을 보며 걷기까지!

'자율주행차가 만렙 찍으면 일어날 일'이라는 영상이야('만렙'은 게임에서 최고 레벨에 오르는 걸 가리키는 말이야). 유튜브에서 찾아봐.

'자율주행차가 이 정도야?' 할 텐데, 이건 실제는 아니고 미래를 상상해 만든 영상이야. 하지만 현재의 자율주행차 기술 발전 속도를 보면 그리 먼 미래 일은 아닐 것 같아. 이미 호주에서는 서부 광산 지대와 항구 터미널 사이를 무인 트럭이 오가며 광석을 수송하고 있어. 네덜란드 암스테르담에선 자율주행 버스가 시내를 오가고 있고, 중국 상하이에선 자율주행 청소차가 거리를 다니며 도로를 청소하지. 이 차량들이 장애물 없는 고속도로나 정해진 노선 위주로 다니는 것이라면, 미국 애리주나주 피닉스시에서는 2018년 12월부터 자율주행 택시가 운행을 시작했어. 휴대폰 앱으로 호출하면 자율주행 택시가 손님에게 달려와. 노선이 정해져 있지 않고 여러 장애물을 피해 가야 하는 도심 자율주행도 이제 가능하다는 얘기지. 다만, 혹시 모를 위험에 대비해 아직은 안전요원이 운전석에 앉아 있도록 법규가 강제하고 있어. 그는 핸들에는 손을 대지 않아. 도미노피자는 2019년 하반기부터 한국에서도 무인 자동차로 피자 배달을 시작하겠다고 밝히기도 했어. 본사가 있는 미국에서는 2017년부터 실험적으로 무인 배송을 시작했지.

자율주행차가 완전 상용화되면, 신호등도 도로 표지판도 필요 없을 거고 도로도 지금만큼 필요하지 않을 거야. 자율주행차는 앞 차와 아주 좁은 거리를 두고 안전하게 줄 지어 주행할 수 있으니까 말이지. 불법 주정차는 옛말이 될 거야. 사람이 내린 다음 차를 세워 둘 필요가 없으니까. 차는 사람을 내려 주고 알아서 어디론가 이동하지. 배기가스도 크게 줄어들 거야. 주차할 곳을 찾아 차로 주변을 빙빙 돌며 배기가스를 배출할 일이 없으니까. 그럼 미세먼지가 줄어들 테지. 여름철 제주도 한라산에 가면 여기가 공원인지 주차장인지 모를 만큼 길에 세워 둔 차가 많아. 대부분 관광객들이 타고 온 렌터카지. 자율주행차 시대에 이런 모습은 사라지겠지. 아예 차를 소유한다는 개념이 없어질지 몰라. 공영자전거를 빌리듯 차도 필요할 때만 호출해서 이용하겠지. 이미 GM이나 피아트-크라이슬러 같은 세계적 자동차기업들은 완성차 판매에서 '자율주행 승차 호출(카헤일링) 서비스' 제공으로 사업 방향을 전환하려 하고 있어.

이런 변화는 자동차 운전을 직업으로 하는 사람들에게 어떤 영향을 미칠까? 그들의 일자리 말이야. 미국의 주 절반 이상에서 가장 종사자가 많은 직업이 트럭 운전이야. 약 350만 명이 트럭 운전에 종사하고 있지. 장거리 트럭 운전사에게 숙박, 식사, 세차 등 각종 서비스를 제공하는 일을 하는 사람이 약 700만 명이야. 트럭 운전이 자율주행차로 대체되면 이들은 일자리를 잃을 가능성이 커. 2019년 초 우리나라는 택시기사들과 플랫폼 기반 승차 호출 서비스인 '카풀' 사이에 갈등이 치열했어. 택시기사들은 카풀 서비스가 허용되면 택시기사들의 수입이 줄어든다고 우려했지. 그런데 '로봇 택시'가 돌아다니게 된다면 아예 택시기사 일자리가 사라질 수 있어. 그럼 그들은 어떻게 생계를 해결하지?

자율주행차는 기계가 인간 일자리를 대체하는 한 가지 예에 불과해. 이런 경향이 전 산업과 전 직종으로 확대되고 있는 오늘날, '일하려는 사람은 누구나 일자리를 갖게 한다'는 완전고용의 목표는 점점 더 불가능해지고 있어. 한두 업종이 자동화되면 그 분야에서 일하는 사람이 다른 분야로 옮기거나 새로 생긴 분야로 가면 되겠지. 하지만 모든 업종이 자동화되어 버린다면? 그렇게 예상할 수밖에 없는 건 지금의 기술적 변화가 단순한 변화를 넘어 하나의 혁명이기 때문이야. 그 혁명은 '4차 산업혁명'이라 불리지.

18~19세기에 증기기관이 일으킨 1차 산업혁명, 19세기 말~20세기 초 전기와 자동차가 일으킨 2차 산업혁명, 1970~1980년대 컴퓨터가 일으킨 정보화 혁명에 이어, 현재 첨단 정보통신 기술과 인공지능이 결합하며 4차 산업혁명이 일어나고 있어. 실은, 지금의 변화를 이전의 다른 산업혁명과 구분해서 '4차'라고

불러야 하느냐 아니면 이 변화가 이전 산업 발전의 일부일 뿐이냐에 대해서는 학자들 사이에 논란이 있어. 하지만 변화의 속도가 코앞을 예견하기 힘들 만큼 빠르며 점점 가속이 붙고 있다는 데는 대체로 동의가 이뤄져.

정말 이 세상은 빠르게 자동화되고 있어. 이미 사람이 거의 없고 로봇만 작동하는 '스마트공장'이 늘고 있어. 중국 장쑤성 쿤산에선 공장 자동화로 인해 6만 명의 일자리가 사라지기도 했어. 가까운 미래에 상품은 거의 대부분 오직 로봇에 의해 생산될 거야. 생산물은 자율주행 트럭에 실려 물류창고로 모일 테고, 물류창고에선 로봇이 상품을 고르고 포장하겠지. 지금 미국 기업 '아마존'의 대형 물류창고에는 로봇이 상품으로 채워진 선반을 가져오면 인간이 배송할 상품만 골라 포장을 해. 아직은 로봇이 크기와 재질이 다른 상품을 하나하나 집어서 상자에 담을 만큼 섬세하지 않거든. 하지만 현재 인간이 하고 있는 일도 기술발달에 따라 기계가 대체하게 될지도 몰라.

물류창고의 상품들은 도시의 무인 매장에서 팔릴 텐데, 이미 소비자가 핸드폰 앱을 켜고 들어가 상품을 들고 나오기만 하면 자동으로 결제되는 무인 매장이 등장했어. 아마존의 유통 체인점 '아마존고(Go)'야. 여기에는 계산대도 계산원도 없어. 상품을 들고 그냥 나오다니, 예전이면 등 뒤에서 "도둑이야!"라고 누가 외치거나 대형마트에서처럼 센서가 작동해 벨이 울리겠지. 식품배달 서비스 '우버이츠'는 햄버거를 드론으로 배달하는 서비스를 빠르면 2019년부터 시작한다고 해. 한국 커피 프랜차이즈 '달콤커피'는 로봇이 주문 받고 커피도 만드는 로봇 카페를 보급하려고 하고, 일본에는 셰프 로봇이 타코야키를 만들고, 미국 라스베이거스의 호텔에서는 로봇이 룸서비스를 담당하고 있지.

단순 작업뿐만 아니라 높은 인지능력이 필요한 작업도 자동화의 예외는 아니야. 로봇 기자가 등장해 이미 단순 사건·사고 정도는 사람과 구별되지 않는 기사를 쓰고 있어. 인공지능이 진짜 같은 이미지와 목소리를 창조해 내는 수준에 이르면서, 중국에선 화면으로 봐서는 인간과 구별할 수 없는 인공지능 앵커가 등장해 뉴스를 보도하고 있지. 구글이 공개한 인공지능 비서는 한 술 더 떠서, 식당이나 미장원에 전화해서 마치 사람처럼 점원과 대화하며 원하는 서비스를 주문하거나 예약을 요청할 수 있어. 실제 실험에서, 인간 점원은 자기가 통화하는 상대방이 기계라는 걸 전혀 눈치채지 못했지.

자동화, 저주일까 축복일까

로봇과 인공지능에 의한 이러한 자동화 사례를 들으면 참 신기하지만, 그 일에 종사하는 사람들한테는 섬뜩할 거야. 미국에서 대형마트 등 유통업 종사자가 약 800만 명인데 매장이 완전히 무인화된다면 이들의 일자리는? 한국에서 텔레마케팅(전화 상담 판매) 분야에서 일하는 사람이 대략 80만 명인데 인공지능이 고객 상담까지 다 해 버린다면? 최근 OECD의 '2019 고용전망'에 따르면 OECD 회원국에서 전체 일자리의 45퍼센트가 자동화 때문에 미래에 사라질 가능성이 큰 '위험군'에 속한다고 해. 더 무서운 건, 우리는 일자리가 사라지는 동안 그 사실을 잘 알아차리지도 못한다는 거야. 지난 2~3년간 우리나라에서 외식 매장에 키오스크(무인결제기)가 빠르게 보급되었고 동시에 아르바이트 직원 고용이 크게 줄었는데, 그 빈자리를 우리가 잘 못 느끼는 것처럼 말이야.

자동화가 되더라도 새로운 직무나 직종이 생기면서 일자리가 늘어날 수도 있지 않느냐고? 하긴, 유튜브 크리에이터라든가 드론 조종사처럼 얼마 전까지는 들어 본 적 없는 직종이 생겨나고는 있지. 그런데 분명한 건, '적정한 임금을 보장하는 안정된 일자리'는 확실히 줄어들고 있다는 사실이야.

지금까지 이런 일자리는 제조업과 주요 서비스업에 많았고, 노동자에게 '중간 정도 기술 수준'을 요구하면서 대신 '중간 정도 임금 수준'을 보장해 주었지. 자동화는 먼저 이 일자리들을 대규모로 소멸시키고 있어. 반면 크리에이터니 드론 조종이니 하는 새로운 직종은 재능과 행운을 가진 극소수를 제외하면 결코 다수에게 적정한 소득을 보장하는 안정된 일자리가 되지 못해. 공장에서 수십 년간 컨베이어벨트 옆에서 자동차 부품을 조립하던 노동자들이 자동화로 대량 실직했는데, 그들 가운데 유튜브 크리에이터 같은 새로운 일을 시작해 이전에 받던 급여만큼 돈을 벌 수 있는 사람이 몇 퍼센트나 될까? 오히려 대다수는 전보다 임금도 적고 노동환경도 열악한 일자리를 얻게 될 거야. 최저임금을 받는 알바나 비정규직으로 말이지.

청소년인 너희들이 일자리를 구할 때에는 직업과 직무의 양상이 지금과 또 다르겠지만, 자동화 기술이 빠르게 발전하는 이상, 적정 임금을 보장하는 안정된 일자리가 그걸 원하는 사람에게 충분히 돌아갈 수 없다는 건 확실해. 얼마나 다양한 직업이 새로 생기느냐와는 별개로 말이지. 상황이 지금과 같다면, 안정된 일자리를 구하려는 사람은 몹시 치열한 경쟁을 통과해야만 하겠지. 일자리를 구하더라도 거기서 밀려나지 않기 위해 끝없이 경쟁해야 할 테고.

이런 미래를 상상하면, 자동화가 마냥 신기하거나 재미있지 않지? 이대로라면 자동화는 인간의 생계 방편을 잡아먹는 괴물이나 다름없으니까. 그런데 말이야. 그 괴물을 우리가 길들일 수는 없는 걸까? 자동화 기술을 인간에게 봉사하게끔 만들 수 없냐는 질문이야.

호메로스의 고대 서사시 《일리아스》에는 '황금으로 만든 하녀' 이야기가 나와. 황금 하녀는 인간을 돌보고 인간에게 필요한 물건을 만들어 내지. 인간은 이처럼 힘든 일을 대신해 주는 인간 아닌 존재를 아주 오래전부터 상상해 왔어. '로봇'이란 말은 체코 극작가 카를 차페크가 1922년에 자신의 희곡에서 처음 사용했는데, 허드렛일을 하는 종이라는 뜻의 체코어 '로보타'를 변형해 만든 말이야. 차페크의 희곡에서 인간은 일을 시키기 위해 로봇을 만들지. 그 로봇 기술이 놀라울 정도로 발전한 오늘날, 우리는 원한다면 우리가 해 오던 노동을 대부분 기계에게 맡길 수 있게 되었어. 지루하고, 위험하고, 힘들고, 지저분한 일을 단지 먹고살기 위해 해야 했다면 그런 일은 기계에게 맡기는 게 더 좋지 않을까? 기계에게 노동을 맡기고 우리는 바야흐로 자유를 만끽해야 하지 않아?

단, 이렇게 하려면 한 가지 조건이 필요하지. 일자리가 삶에 안정을 제공하는 유일한 수단이 아니어야 한다는 조건. 나의 안정과 자유가 오로지 일자리에 달려 있는 한, 자동화 기술의 발전은 인간에게 저주일 뿐이야. 하지만 일자리 말고도 내 삶을 떠받쳐 줄 수단이 있다면? 자동화는 인간에게 축복이 될 수 있어!

공장이 자동화되고 각종 서비스를 인공지능이 도맡으며 대중교통도 운전자가 필요하지 않는 시대에, 사람들이 실업의 공포로 불안해하고 뭔가 대책을 절실히 원하는 건 당연해. 그러나 그 대책은 과거 방식의 '완전고용'으로 돌아가는 것일 수 없어. 기술 발전으로 더 이상 예전과 같은 정도의 인간 노동력이 필요하지 않고, 훨씬 적은 인간 노동만으로도 얼마든지 풍요로운 삶을 모두가 누릴 수 있어. 그런데도 비슷비슷한 일자리를 늘리는 데 매달리는 것이 과연 진보일까? 진정한 진보는, 일자리에 의존하지 않아도 각자가 안정과 자유를 누릴 수 있도록 사회가 개인의 기본생활을 보장해 주는 거야. 그러기 위해 꼭 필요한 건? 조건 없는 기본소득이야.

그런데!

기본소득이 도입되면 원래 있던 복지제도는 사라지나요?

Q 기본소득이 미래에 필요할 것 같기는 한데, 기본소득이 생기면 원래 있던 복지제도는 어떻게 되나요? 다 사라지나요?

A 기본소득에 대해 우려하는 사람들은 "기본소득을 주고서, 교육비나 병원비 또는 집세를 각자 알아서 내라고 하는 것 아니

냐? 정부는 복지에 대한 책임을 포기하고 모든 서비스를 시장에서 각자 알아서 사라고 하는 것 아니냐?" 하고 묻기도 해. 답은 "그렇지 않다"야.

기본소득 지지자들은 교육, 보건의료, 주거 등과 관련한 복지제도(사회서비스라고도 해)는 유지되어야 하고 더 튼튼해져야 한다고 생각해. 2016년 7월 서울에서 열린 '제16차 기본소득지구네트워크 총회'에서는 기본소득이 교육이나 의료 등 사회서비스를 줄이면서 도입되는 것에 반대한다는 내용의 결의사항을 통과시키기도 했어. 우리나라의 경우를 보면 건강보험의 보장 범위를 확대하고, 저렴하게 치료받을 수 있는 공공병원을 늘리며, 의무교육을 고등학교까지 확대하는 등 사회서비스가 강화되어야 해. 기본소득 도입과는 별개로 말이야. 시민과 공동체의 '좋은 삶'을 위해 기본소득과 사회서비스는 함께 나아가야 해.

단, 기존의 선별복지 제도들은 기본소득 도입으로 변화가 있을 수 있어. 기초생활보장제도나 근로장려금 같은 공공부조제도 말이지. 이 제도들은 소득이 기준 이하인 가구에게 생계보조금을 지급하는 거야. 그런데 기본소득이 그 기준 이상 주어진다면 굳이 이 제도들을 유지하지 않아도 되겠지. 최저생계비가 모든 시민에게 보장되면 가난한 사람만 골라내 최저생계를 보조해 줄 필요가 없지. 모두 동등한 높이의 바닥에 올라서니까 말이야. 단, 기본소득을 처음 도입할 때부터 최저생계비만큼 주기는 힘들어서, 기본소득 액수를 높여 가면서 선별복지 제도를 줄이고 기본소득으로 통합하는 과정을 점진적으로 밟아야 할 거야.

그러면 현재 공공부조의 혜택을 받는 수급자들에겐 기본소득이 도입되나 기존 제도가 계속되나 마찬가지가 아니냐고 할 수도 있겠네. 크게 달라. 기존 공공부조제도는 수급자가 되려면 까다로운 자격 심사를 거쳐야 해. 가난하고 노동 능력이 없다는 점을 강조해야만 수급자가 될 수 있어서 자존감이 깎이지. 기본소득은 그러한 자격 심사가 일체 없어. 또 공공부조제도의 수급자는 취업해서 급여를 받으면 그만큼 생계보조금이 줄어들어. 차라리 일 안 하고 수급자로 남는 게 낫다고 생각할 수 있지. 그러나 기본소득은 그가 취업해서 소득이 생겨도 주어져. 복지의 함정에서 벗어나게 되지. 또 공공부조는 세금 내는 시민과 부조 받는 시민으로 공동체를 나누지만, 기본소득은 누구나 받으므로 동등한 시민으로 서로 인정하는 계기가 되어 사회를 통합하는 기능도 있어.

하나 더 얘기하면, 기존 복지제도의 일부(사회서비스는 제외)를 통합하면서 기본소득을 도입하면 재정도 사람들이 생각하는 것보다 적게 들어. 극빈층을 지원하는 기초생활보장제도, 저소득 노동자를 지원하는 근로장려금 제도, 만 7세 미만 아동에게 주는 아동수당(2019년부터 시행), 65세 노인에게 소득에 따라 차등 지원하는 기초노령연금 등 다양한 제도가 존재해. 국민의 필요에 따라 현금 지원 제도들이 늘어나면서 복잡해졌고 재정도 많이 들지. 이 제도들을 검토해 재정을 기본소득으로 최대한 통합한다면, 걱정하는 것보다 쉽게 보편적 기본소득으로 갈 수 있어. 이미 놓여 있는 징검다리의 틈을 메워 더 튼튼한 다리를 놓자는 거야. 아이든 어른이든 장애인이든 비장애인이든 편히 건널 수 있는 다리를.

4장

불평등 해결, 다른 방식이 필요해

↖ 이 사회에서 한번 넘어지면 ↘

"풀이 눕는다 / … / 바람보다 늦게 누워도 / 바람보다 먼저 일어나고 / 바람보다 늦게 울어도 / 바람보다 먼저 웃는다."

김수영 시인의 시, 〈풀〉이야. 시련에 넘어져도 다시 일어서는 민초의 끈질긴 생명력을 풀로 비유했지. 그런데 오늘날 한국에선 누우면 다시 일어나질 못해. 적어도 그렇게 생각하는 사람들이 늘고 있어. 최근의 한 설문조사에서, "우리 사회는 한번 실패하면 다시 일어나기 어렵다"는 내용에 청년들의 60퍼센트가 "그렇다"고 대답했어. 또 다른 설문조사에서는 우리나라 사람들 80퍼센트가 "성공하려면 일단 부잣집에서 태어나야 한다"고 생각하는 걸로 나와. 왜 이런 걸까? 그 배경에는 극도로 심해진 한국 사회의 불평등과 양극화가 놓여 있어.

불평등이란 소득이나 재산에서 개인 사이 또는 집단 사이에 격차가 있음을 뜻해. 그 격차가 확연하게 양쪽으로 갈라지는 모양일 때 양극화라고 해. 과거에는 고소득층, 중간층, 저소득층 사이에 불평등이 있더라도 그 격차가 지금처럼 크지 않았어. 최근으로 오면서 중간층은 점점 줄어들고, 한편에는 많은 수의 저소득층이 반대편엔 극소수의 고소득층이 있는 구조가 되었어. 고소득층 가운데 극도로 부를 축적한 '초고소득층'이 나오면서 계층 간의 격차는 아주 크게 벌어졌지. 2017년에 우리나라에서 전체 가구의 딱 중간에 있는 가구는 한 해 2300만 원을 벌었는데, 상위 0.1퍼센트 부자들은 15억 원을 벌었어. 한국노동연구원의 발표에 따르면 소득 상위 10퍼센트에 소득이 몰려 있는 '소득 집중도'는 1975년에는 28퍼센트, 1995년에 35퍼센트였다가 2015년에 48 퍼센트로 올랐어. 2017년에 소득 집중도는 50.6퍼센트로, 전체 소득의 절반을 상위 10퍼센트의 사람들이 차지했어. 소득 상위 계층으로 부가 집중되는 정도는 한국이 OECD 국가들 가운데 미국 다음으로 가장 높아.

'각자 능력이 다르고 노력도 다르면 결과도 다를 수 있는 것 아닌가?' 이렇게 생각할 수도 있지. 하지만 지금의 불평등과 양극화가 그저 개인의 능력이나 노력의 차이라고 보는 건 너무 순진한 생각이야. 부모의 재력에 따라 사람들은 아예 다른 출발선상에 서 있거든. 개인의 능력은 가만히 둬도 어디서나 쑥쑥 자라는 풀과 같은 게 아니라 애써서 발굴하고 계발하고 연마해야 쓸모가 생기는 광석 같아. 부잣집에 태어나 부모의 적극적 지원을 받는 이는 자기 안의 재능을 발견하고 발휘할 기회를 넘치도록 얻지만, 평범한 집에서 태어난 이는 그럴 기회가 상대적으로 매우 부족해. 고액 과외를 받아 가며 공부하는 학생과, 가정 형편 때문에 아르바이트를 병행하며 공부하는 학생이 같은 출발선에서 경쟁한다고 할 수 있을까? 재력 있는 부모를 둔 사람은 소득이 높은 직업을 가질 가능성이 크고, 자녀를 낳으면 부모가 자기에게 한 것처럼 자기도 재력으로 지원하겠지. 그러면서 불평등은 개인이 극복할 수 있는 차원을 넘어 과거 사회의 신분제처럼 단단한 계급 구조가 되어 버릴 수 있어. 이런 사회는 더 이상 하나로 통합될 수 없고, 불신과 갈등이 쌓이다가 폭발할 위험이 커져.

↖ 파이 요리사보다 오븐 주인이 돈을 번다면 ↘

불평등과 양극화의 해소는 어떤 정부에든 주요한 과제야. 지금까지 불평등의 해법은 크게 두 방향이었어. 하나는 시장에 맡겨 자유경쟁 속에 부를 분배하는 것. 또 하나는 국가가 복지제도로 부를 재분배하는 것. 그런데 오늘날 이 두 가지 해법 모두 한계에 부딪쳤어.

우선, 시장이 부의 재분배에 실패했어. 자산이 소수에게 집중되면서 노동하는 사람이 아니라 자산을 가진 사람이 더 많은 돈을 버는 구조가 되었어. 비유해서 얘기해 볼게.

요리사가 오븐을 빌려서 파이를 구워 내다 팔아. 매일 땀 흘려 파이를 굽지. 그런데 오븐을 빌려준 사람이 파이 판매수익의 3분의 1을 오븐 사용료로 요구해. 오븐은 비싼 장비라서 요리사가 직접 갖출 수가 없어. 어쩔 수 없이 요리사는 오븐 사용료를 내지. 그런데 오븐 소유자는 그 뒤로 자꾸 사용료를 올려. 오븐 소유자는 요리사가 오븐 없이 파이를 구울 수 없다는 걸 알기에, 이익의 분배에서 요리사에 대해 '갑'의 위치에 설 수 있어. 정작 파이를 만드는 과정에는 아무런 노동을 보태지 않고 말이야.

자산이란 경제적 가치가 있는 재산으로서 새로운 수익의 원천이 돼. 자산에는 부동산, 생산설비, 주식, 지적재산권 등이 있어. 주주에게 돌아가는 배당, 부동산 소유자에게 돌아가는 임대수익과 매매차익(부동산이 살 때보다 팔 때 가격이 더 높을 때 그 차이에서 생기는 이익을 말해), 특허를 보유한 사람에게 돌아가는 특허수익등이 자산 소유자가 얻는 수익이야. 그런데 자산을 소유한 사람이 돈을 많이 벌어 간다는 말은? 그래, 자기 몸으로 직접 노동하는 사람에게 돌아가는 몫이 작아진다는 뜻이지. 특히 자산 가운데 부동산이나 특허화한 기술·지식 같은 자산을 소유한 사람은, 그것들을 활용하려는 사람에게 비싼 이용료를 매길 수 있어.

오븐 소유자가 자신의 자산을 빌려 줌으로써 얻는

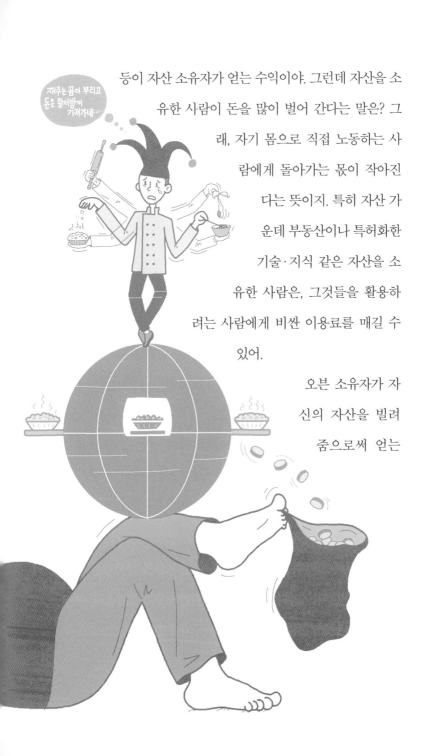

재주는 곰이 부리고
돈은 왕서방이
가져가네…

수익을 어려운 말로 '지대(地代)'라고 불러. 부동산 임대료, 특허 사용료, 플랫폼 수수료 등이 모두 지대에 해당하지. 지대 수익은 기본적으로 노동하지 않고 얻는 소득, 즉 불로소득이야. 지대 수익이 커질수록 실제 생산자들의 몫은 줄어들고, 아예 생산이 위축될 수도 있어. 오븐 소유자가 매달 요구하는 사용료가 늘자 요리사는 새벽부터 밤늦게까지 열심히 파이를 구워도 자기 손에 남는 게 없고 나중에는 파이를 만들 밀가루값도 낼 형편이 안 되어 파이 굽는 걸 포기하는 상황이 된다는 거지.

오븐 소유자가 파이 판매수익의 3분의 1을 요구하는 경우를 가상의 예로 들었는데, 토지+자유연구소에 의하면 우리나라에서 토지 소유자가 가져가는 불로소득이 한 해 나라 전체 생산물(GDP)의 4분의 1에 달해. 실제로도 비슷한 거지. 열심히 일하는 사람이 만드는 부가가치의 막대한 부분을 건물주는 땀 흘리지 않고 임대료나 매매차익의 방식으로 가져가고 있어. 시장을 내버려 두었더니, 불평등이 해소되기는커녕 자산 소유자만 이처럼 더 큰 부자가 되었어. 노동하는 대다수 사람의 소득은 정체되거나 줄어드는데 말이야.

한편 복지제도는 어떨까? 앞서 복지제도는 그 기본 모델이 완전고용을 전제로 한다고 이야기했지? 일하고자 하는 사람은 어딘가에 고용되어 임금노동을 해서 자신과 가족을 부양하고, 그들이 낸 세금으로 일할 수 없는 이들을 부조하며(공공부조), 임금노동 종사자들은 평소에 기여금을 내고 아프거나 일자리를 잃거나 나이가 들었을 때 혜택을 되돌려 받았어(사회보험). 임금노동 일자리는 고용인과 피고용인의 관계가 명확한 정규직 일자리가 표준적이었고, 일할 수 없어 도움을 받아야 하는 인구는 그리 많지 않아 잘 선별해서 도와주면 되었지.

그러나 자동화가 가속되면서 일자리는 줄고, 새로 생기는 일자리는 과거의 표준에 들어맞지 않는 일자리로 채워져. 경제활동 인구에서 과거에 정규직이 차지한 비중이 줄어들어. 그 자리를 고용도 불안정하고 임금도 반 토막 난 비정규직 노동자가, 1인 사장이면서 동시에 노동자인 영세자영업자가(편의점과 치킨집을 봐!) 그리고 노동자도 아니고 자영업자도 아닌 '플랫폼 노동자'가 빠르게 대체하고 있지. 우리나라 경제활동 인구가 약 2800만 명인데 비정규직, 1인 자영업자, 무급 가족종사자(가족이 하는 기업이나 점포에 무급으로 일하는 사람), 유동적 실업자(실업과 취업 상태가 반복되는 사람) 등을 합치면 약 1700만 명으로, 전체의 60퍼센트나 돼. 이런 상황이다 보니, 표준적인 정규직 일자리를 전제로 하는 복지제도로는 부의 불평등을 바로잡기 힘들어진 거야.

플랫폼 노동이 뭐냐고? 플랫폼은 '정거장'이란 원래의 뜻처럼 그 안에 소비자, 상품 생산자, 서비스 제공자 등이 연결된 디지털 공간을 말해. 우리가 자주 이용하는 '배달 앱(app)'이 플랫폼의 하나야. 전에는 음식을 시켜 먹을 때 내가 전화번호를 갖고 있는 몇 군데 단골에만 주문했지. 음식점은 배달원을 직접 고용해서 소비자에게 음식을 배달했고. 그런데 정보통신 기술이 발달하며 수많은 음식점, 소비자 그리고 특정 음식점에 고용되지 않은 '배달 라이더'들이 연결되었어. 배달 라이더는 주변에 흔히 보는 플랫폼 노동자로, 휴대폰으로 음식점의 배달 요청을 받고 그 음식점에 가서 상품을 받아 소비자에게 배달하면서 건당 얼마씩 수수료를 받아. 예를 들면 피자집, 족발집, 중국집을 들러 피자, 족발, 탕수육을 받아 각각을 주문한 소비자에게 가는 거지. 어느 한 직장에 고용되지 않아 자유로울 것 같지만, 플랫폼 운영 회사로부터 근무방식을 일일이 통제받는다는 점에서 사실상 고용된 것과 같아. 그런데도 오토바이(라이더의 경우) 등 각종 장비를 스스로 구입해야 하고, 사회보험 가입 대상이 아니어서 일하다 다치면 치료비는 자기가 알아서 처리해야 하지.

플랫폼 노동자는 한국에서 약 50만 명으로 추정돼. 이들 중 다수는 고용이 불안정하고 소득이 너무 적어 사회보험에서 배제되어 있어. 소득이 적은데도 일을 하고는 있어서 공공부조의 대상자도 되지 못해. 말 그대로 복지제도의 '사각지대'인 거지.

↖ 지금까지의 방식으론 불평등을 해결할 수 없다 ↘

시장 경쟁에 맡겨 놓는 것으로도, 기존 복지제도로도 불평등과 양극화를 해결할 수 없다면 다른 해법이 필요해. 그 해법에 기본소득이 있지.

기본소득이 해법이 되는 첫 번째 이유는, 기존 복지제도와 다르게 '사각지대'가 발생하지 않는다는 거야. 기존 복지제도에서는 지원이 필요한데 까다로운 심사에 걸려 받지 못하는 사람들이 늘 존재했어. 소득은 없는데 낡은 집 한 채를 가지고 있다든가, 건강이 안 좋은데 겉으로 보기엔 노동 능력이 있는 것처럼 보인다든가, 부모와 떨어져 살고 있는데 (복지 담당 공무원의 눈에는) 부모로부터 지원받으면 된다고 여겨진다든가 하는 이유에서야. 복지 지원을 받는 사람들과 처지가 크게 다르지 않은데도 사소한 이유로 지원에서 배제되는 사각지대가 무척 커. 그런데 기본소득은 지원받아야 할 사람을 선별해 사다리를 내려주는 게 아니라 바닥 전체를 확 끌어올리자는 개념이거든. 누구에게나 무조건 지급하는 것이므로 사각지대가 사라져.

둘째, 단순히 생계비를 지원한다는 소극적 차원을 넘어 일할 동기를 부여하는 적극적 제도야. 기존 복지제도에서는 복지 지원을 받는 사람이 취업하면 지원금을 끊기 때문에, 차라리 취업을 포기하고 복지 지원에 의존해 살아가는 사람이 생기는 문제가 있어. 예를 들어 영수 씨가 매달 50만 원의 생계보조금을 받다가 월급 70만 원의 일자리에 취직을 했어. 그러면 50만 원의 보조금이 사라져. 영수 씨는 20만 원(70만 원-50만 원) 더 벌려고 노동할지 아니면 그냥 생계보조금에 의존해서 살지 선택의 기로에 서. 노동해서 제 손으로 먹고사는 게 더 낫다고 할 수 있지만, 70만 원 주는 일자리가 사라지지 않고 계속 유지될 거라는 보장이 없다면? 일하면서 불안해하느니 수급자의 처지에 만족하는 게 낫다고 여길 수 있지. 이런 것을 '복지의 함정'이라고 해. 하지만 기본소득은 조건 없이 주기 때문에, 기본소득을 받으면서 취업을 해서 급여를 받으면 둘 다 그 사람 것이 돼. 복지의 함정이 사라지고 사람들에게 일할 동기를 부여할 수 있어.

셋째, 선별복지 제도와 달리 행정 비용이 들지 않아. 가난한 사

가장 가난한 아이를 찾습니다

람만 골라낼 필요가 없기 때문이야. 2019년 1월부터 정부는 만 6세 이하(2019년 하반기부터 만 7세 이하로 확대) 어린이 전부에게 '아동수당'을 주고 있어. 아동수당은 어린이에게 주는 기본소득이라 할 수 있지. 아동수당 지급을 확정한 2018년 9월에만 해도 "부잣집 아이에게 왜 주냐"는 일부 비난 여론을 의식해 소득 상위 10퍼센트는 제외했어. 그렇게 아껴지는 예산이 약 1300억 원인데, 조사해 보니 상위 10퍼센트를 선별하는 데 드는 비용이 약 1600억 원으로 추정되었어. 배보다 배꼽이 더 큰 거야! 이게 선별적 복지의 맹점이야. 선별적 복지가 보편적 복지보다 저렴하지 않다는 것, 이것이 보편적 아동수당이 주는 교훈이야.

지금까지 복지제도의 한계를 메워 불평등을 줄이는

방법을 이야기했어. 하지만 불평등을 근본적으로 줄이려면 소수에게 집중된 부에 지금보다 많은 세금을 매겨야 해. 바닥을 높이려면(복지제도의 개선) 위로부터 부를 가지고 와야만 하지(세금).

앞에서도 말했듯이 토지나 데이터 등은 사회가 공유한 부임에도 불구하고 소수가 사유화해서 이익을 독점하고 있어. 이 이익을 사회 전체에 나누려면 세금을 올려야 하는데, 문제가 있어. 소수 부유층만 겨냥해 아주 높은 세금을 부과하면 부유층의 저항이 너무 심하고, 국민 전체를 대상으로 조금씩 세금을 더 내게 하면 다수 국민이 싫어하거든. 물론 국민 전체가 조금씩 더 내는 '보편 증세'를 해도 고소득층이 훨씬 많이 내지만, 당장 얼마 안 되는 소득에서 세금이 늘어나면 국민들이 반발하지. 정부가

쳇… 그럴 돈으로 다 나눠 주지…

이러기도 저러기도 쉽지 않지.

불평등을 줄이기 위해 세금을 늘리는 건 불가피해. 다 같이 세금을 더 내기로 하면서 결과적으로 부유층이 훨씬 많이 내게 하고, 서민들은 세금으로 인해 소득이 줄기는커녕 더 늘게 하는 방법이 없을까? 그런 마법 같은 방법이 있어.

기본소득을 지급하면, 국민 대다수는 자신이 낸 세금보다 기본소득으로 되돌려 받는 액수가 더 커져. 기본소득의 액수는 국민 누구에게나 같지만, 고소득층은 자기들이 받는 돈보다 훨씬 많은 세금을 내고, 중하위 계층은 자신이 낸 세금보다 더 많은 돈을 받게 돼(기본소득 지급 방식에 대해서는 5장에서 자세히 설명할게). 세금을 더 낼수록 자기에게 돌아오는 기본소득도 커진다는 사실을 국민들이 알게 되면, 세금 올리기에도 적극 찬성하게 될 거야. 이렇게 세금을 내고 기본소득으로 돌려받는 선순환이 자연스럽게 이루어지면 어떻게 될까? 자산 소유자의 불로소득이 성실하게 살아가는 대다수 시민에게 재분배돼. 분배의 정의가 실현되는 거지. 그리고 기본소득은 한번 시작되면 멈추지 않고 더욱 확대될 가능성이 커. 왜냐하면 그 어떤 복지제도보다 제도로부터 이익을 얻는 국민들의 숫자가 많기 때문이야.

실패해도 괜찮다고 할 때, 우리는 용기가 나

'노량도'가 어디에 있는지 아니? 서해나 남해에 있는 섬 아니냐고? 서울 노량진 공무원 시험 대비 학원가의 별명이 노량도야. 그곳에서 많은 청년이 마치 섬에 유배되어 온 것처럼 시험 준비를 하며 보내지.

공무원 취업 준비생을 '공시생'이라고 하는데, 공시생 숫자가 40만 명이야. 우리나라 전체 취업준비생 규모가 약 70만 명(2017년)인 걸 생각하면 너무 많은 청년이 공무원 시험에 몰려 있어. 그러나 공무원 채용 규모는 3만 명 정도에 불과해서, 때때로 9급 공무원 시험이 경쟁률 60 대 1, 70 대 1을 넘을 만큼 경쟁이 치열해.

대부분 대학 학력 이상의 20~30대 공시생들은 2000원짜리 '컵밥'으로 끼니를 때우며 이곳 노량도를 탈출하기 위해 길게는 몇 년씩 공부해. 안정된 일자리가 줄어들다 보니, 국가 세금으로 유지되는 공무원 일자리에 청년들이 과도하게 목을 매고 있어. 그러나 많이 배우고 수많은 가능성이 열려 있는 청년들이, 황금 같은 청춘을 집단적으로 공무원 시험에 쏟아붓는 현상이 과연 바람직할까? 물론 공무원은 사회에 필요하고 그 일에서 보람을 찾을 수도 있어. 다만 구조적으로 소수의 인원만 들어갈 수 있는 문 앞에 그 수백 배 되는 숫자가 모여들어 문만 바라보고 있는 게 답답해. 자신의 다른 가능성을 찾을 기회를 잃어버리니 개인에게도 아까운 일이지만, 훌륭한 인적 자원을 그들을 원하는 사회 곳곳에 보내지 못하니 사회적으로도 엄청난 낭비가 아닐 수 없어. 그런데 이 청년들의 모습이 10년 뒤 네 모습일지도 몰라. 사회가 지금과 같다면 말이지.

이러한 사회적 비효율을 해결하기 위해 무엇이 필요할까? 미래의 너희에게 사회가 최소한의 생계 수단을 조건 없이 마련해 주고, 적성에 따라 자유로이 뻗어 나가도록 응원해 줘야 해. 어

떤 의미에서 지금은 춤을 추고 맛있는 걸 찾아 먹는 것도 하나의 '직업'이 될 수 있는 시대야. 그런 이들의 유튜브 영상에 광고가 붙어 수익이 창출되잖아? 물론 그것만으로 먹고살 수 있는 사람은 극히 적으니 사회는 여전히 "제대로 된 일을 해서 소득을 벌어라"라고 말하지. 하지만 앞으로의 사회는 "소득을 보장해 줄 테니 네가 하고 싶은 일을 더 멋지게 해 봐"라고 말하게 될 거야. 그러면 청년이 된 너는 당장 급여가 적더라도 자기만의 경력을 쌓을 수 있는 일에 도전하지 않을까. 또는 돈보다 그 일의 '가치'를 보고 직업을 택할 수도 있겠지. 그건 예술 활동일 수도 있고, 어려운 처지의 사람을 돕는 사회 운동일 수도 있고, 지금까지 없던 혁신적 서비스를 내놓는 창업일 수도 있어. 지금까지 직업 선택에서 가장 중요한 기준이었던 연봉이나 안정을 보람과 즐거움이 대신하게 될 거야.

공정무역 협동조합에서 일하는 간사님이 들려준 얘기를 해 볼게. 그가 일하는 협동조합에 젊은 사람들이 종종 문의를 한대. 지금 다니는 직장을 그만두고 협동조합에서 일하고 싶다면서 말이야. 그런 문의가 오면 간사님은 반갑게 상담을 해 주지. 한참 즐겁게 대화하다가 급여 이야기가 나와서 사실대로 답하면 목소리가 기가 죽더니 전화를 끊고 다시 연락이 안 온다는 거야. 급여라는 현실적인 문제가 '가치'를 추구하는 마음을 누른 거지. 그러나 이는 개인에게 용기를 더 내라고 해야 하는 문제가 아니야. 안정된 소득이라는 발판을 놓아 줘야 사람들은 그걸 믿고 과감히 뛰어오를 수 있어.

최근 나는 '기본소득과 스타트업의 만남'을 주제로 연 토론회에 발제자로 참여했어. 스타트업이란 혁신적 아이디어로 막 창업한 신생 기업을 뜻해. 구글이나 페이스북 같은 글로벌 대기업도 처음에는 작은 스타트업이었지. 한 스타트업을 이끄는 대표 K씨는 자신의 경험에서 우러나온 멋진 이야기를 했어. "스타트업을 하려면 '똘끼'가 좀 있어야 한다. 교과서적인 정답을 거부하고 남들이 가지 않는 길을 가서 새로운 가치를 창출하고 싶다면 스타트업에 도전해 보라. 스타트업은 명문대 간판도 대기업 경력도 묻지 않는다. 세상을 바꿀 아이디어와 그 아이디어를 실현할 집요함을 가졌느냐가 중요하다."

나는 이런 얘기를 했어. "인구 대비 가장 많은 스타트업이 있는 나라는 미국이 아니라 핀란드다. 10대 청소년들이 좋아하는 모바일 게임 '브롤스타즈'를 출시한 슈퍼셀도 핀란드 기업이다. 슈퍼셀은 세계 금융위기 직후인 2010년에 창업했고, 초기에 만든 게임이 여러 번 실패하기도 했지만 '클래시 오브 로얄' 등을 흥

111

행시키며 성공했다. 핀란드는 어떻게 스타트업을 많이 키워 냈을까? 세계 경제위기에도 핀란드 청년들은 스타트업 같은 도전에 어떻게 뛰어들었을까? 그건 핀란드가 복지국가이기 때문이다. 사회가 청년들에게 '실패해도 절대 굶지 않는다. 마음껏 도전해 봐라'며 밀어준다. 그런 핀란드가 최근에 기본소득 실험을 했다. 왜? 기본소득이 있으면 청년들이 더 겁 없이 도전할 수 있으리라고 여겨서다. 그리고 그런 도전이 핀란드의 미래를 이끌 거라고 생각하기 때문이다."

기본소득은 스타트업의 파트너가 될 수 있어. 사람들은 이 사회가 "실패해도 괜찮다"며 믿음을 줄 때 더 과감해질 거야. 실패는 성공의 거름이지만, 각자도생하는 사회에서 실패의 고통은 오로지 개인의 몫이야. 하지만 공동체가 소득을 보장하는 사회에서 실패는 사회의 공유재산이 돼. 이 공유재산 속에서 예상 밖의 성공들이 나오고, 그 성공이 빚어낸 가치와 이익은 사회 전체로 다시 분배되지. 기본소득에 드는 비용이 이러한 선순환의 마중물이 된다면, 그 비용보다 훨씬 큰 효과를 만들어 내는 게 아닐까?

우리에겐 '실패할 자유'가 있어야 해. 한번 실패하면 다시 일어날 수 없다며 삶의 목표를 안정된 일자리 찾기에 두는 사회는 진정 자유롭다고 할 수 없어. 이 사회가 장차 너희에게 실패할 자유를 주길 바라. 실패해도 툴툴 털고 다시 즐겁게 도전할 때 너도 성장할 것이고 사회에도 미래가 있어. 그래도 실패가 두렵다고? 걱정하지 마. 네가 세상에 나갈 때, 기본소득이라는 든든한 파트너가 있을 테니까.

그런데!

부자들이
과연 세금을
더 내려고
할까요?

Q 지금보다 더 많이 내라는 건데, 부자들이 순순히 자기 지
갑을 열까요?

A 세계적인 부자들 중에 기본소득을 지지하는 이들이 속속
나오고 있어. 페이스북 창업자 마크 저커버그나 전기자동차 테슬

라 CEO 일론 머스크 같은 이들도 기본소득을 지지해. 마크 저커 버그는 하버드대학교 졸업식 연설에서 "미래에는 GDP 같은 척도가 아니라 사람들이 얼마나 다양하고 가치 있는 일에 종사하느냐가 중요한 지표가 될 거다. 사람들의 삶에 쿠션을 제공하기 위해 기본소득이 필요하다"고 말하고는 "물론 나 같은 사람이 돈을 내야 한다"고 강조했어. 일론 머스크도 로봇에 의한 자동화로 일자리를 잃게 될 사람들이 새로운 일에 도전할 수 있으려면 "기본소득이 필수가 될 것"이라고 말해. 마이크로소프트의 창업자 빌 게이츠는 로봇으로 인간을 대체한 기업이 버는 이익을 '로봇세'로 거둬들이자고 해. 그 돈으로 사람들에게 기본소득을 줘서 새로운 기회를 갖게 만들자는 거지.

이처럼 부자들도 기술 혁명에 따른 실업 증가, 불평등과 양극화의 심화를 내버려 두면 안 된다고 생각하고 있어. 자동화로 인해 가격이 떨어지고 아무리 생산성이 올라가더라도, 사람들이 물건을 구매할 여력이 없으면 생산한 상품을 팔 수 없고 기업이 존속할 수 없지. 시장경제를 건강하게 유지하려면 사람들이 구매력을 가져야 하고, 그러기 위해서라도 기본소득은 꼭 필요해. 부자들은 자본주의를 유지하기 위해서라도 더 많은 세금을 낼 필요가 있어.

한편, 부자들의 부는 혼자서 이뤄 낸 것이 아니라 토지와 지식 등 사회 공유부를 활용한 결과야. 지금까지 우리의 법제도는 공유부 이익이 그것에 권리가 있는 다수를 배제하고 소수에게 집중되는 걸 허용해 왔어. 기본소득은 공유부에 대해 동등한 권리를 가진 시민 모두가 그 이익도 함께 향유하자는 거야. 따라서 세금을 올리자는 건 민주주의의 관점에서 전혀 문제가 없는 정당한 주장이야. 그렇다면 올바른 질문은, 부자가 과연 세금을 내려고 할까가 아니라 "부자가 더 많은 세금을 내도록 만드는 데 어떤 제도가 더 효과적인가"이겠지.

여기에 대해 기존의 선별복지보다 기본소득이 훨씬 더 유리해. 왜냐하면 선별복지는 가장 가난한 사람을 도와주자는 건데, 사실상 저소득층이거나 그보다 형편이 조금 나은 중산층은 복지 혜택은 누리지 못하면서 세금만 내야 하니 복지 확대에 소극적일 수밖에 없어. 그래서 선별복지를 위해 세금을 올리자는 주장은 보편적인 동의를 구하기가 힘들어. 누구는 받고 누구는 못 받는데 세금은 모두가 내야 하기 때문이야. 하지만 기본소득은 모두가 동등한 혜택을 받기 때문에 다 같이 세금을 더 내자고 하면 다수가 동의할 수 있어. 소득에 대비해 같은 세율로 세금을 내더라도 액수를 보면 당연히 부자가 더 많이 내고, 대다수는 내는 세금보다 받는 기본소득을 합쳤을 때 수혜자가 되거든. 부자들로 하여금 지금보다 많은 세금을 내게 하려면 다수가 "다 같이 더 내고 다 같이 더 받자"라고 서로 합의를 해야 해. 다수의 이해관계가 뭉쳐질 때 부자들로부터 더 많은 세금을 내게 할 수 있어.

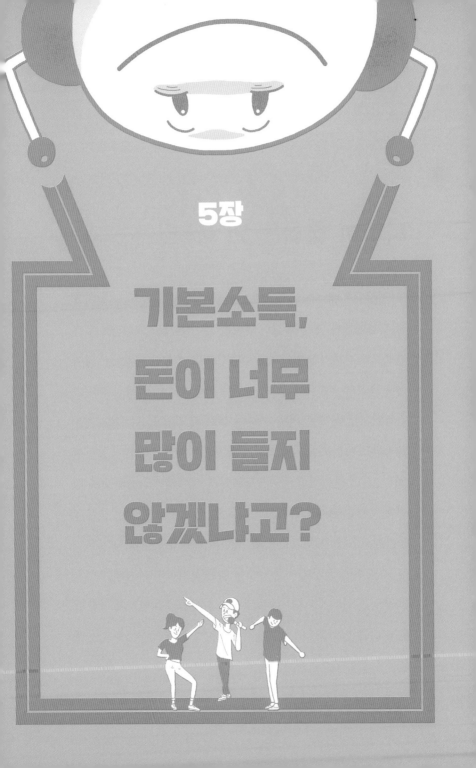

5장

기본소득,
돈이 너무
많이 들지
않겠냐고?

↖ 기본소득을 다 주다니,
나라가 망하는 거 아냐? ↘

2015년, 메르스(MERS, 중동호흡기증후군)라는 무서운 질병이 한국에 유행했어. 질병에 걸려 목숨을 잃은 환자도 수십 명이었지. 메르스는 잠복기가 있어서 걸렸다고 바로 증상이 나타나지 않아. 이때 돌아다니면 바이러스를 주변에 퍼트리게 되지. 당시 "메르스 감염이 의심되므로 외출을 절대 삼가"라고 보건 당국으로부터 요청받은 이들 가운데 요청을 무시하고 외출한 사람들이 있었어. '아니, 그런 무책임한 행동을?' 이렇게 생각할지도 모르겠네. 그런데 그들은 생계를 위해 일하러 갔던 거야. 건설 현장 일용직 노동자들도 있었는데 그들은 별도의 유급 휴가를 받을 수도 없었고 일을 쉬면 그만큼 수입이 주니 일을 포기하기 어려웠던 거지. 만약 일을 하건 안 하건 조건 없이 보장되는 소득이 있었다면 그들도 다른 선택을 하지 않았을까? 자신을 위해서는 물론 공동체 전체를 위해 더 나은 선택을 할 수 있지 않았을까?

'모두에게 돈을 주다니, 돈이 너무 많이 들지 않나? 나라가 망하지 않을까?' 이런 생각이 든다고? 나는 이렇게 말하고 싶어. 기본소득을 도입하면, 지금까지 사회가 지출해 온 많은 비용을 줄일 수 있다고 말이야. 무슨 소리냐고? 관점을 바꿔 보자는 얘기야. 지급에 드는 돈만 볼 게 아니라, 가져올 효과를 보자는 거지.

우선, 기본소득은 사람들을 지금보다 건강하게 만들어. 인스턴트 음식 대신 영양가 높은 음식을 먹고, 힘들면 쉬고, 아플 때 바로바로 병원에 가서 큰 병으로 악화되는 걸 예방해. 생계 걱정을 더니 스트레스를 덜 받고 우울증에 덜 걸려. 이는 기본소득을 지급하면 그 사회에서 보건의료에 지출되는 비용을 크게 줄일 수 있다는 걸 의미해.

실제로, 2008~2009년 아프리카 나미비아에서 가난한 마을 주민 930명에게 소액의 기본소득을 주었더니 주민의 영양 상태가 좋아졌어. 2011~2013년 인도 마디야 프라데시주에서 6000명의 사람에게 최저생계비의 30퍼센트가 안 되는 기본소득을 주었는데, 아이들의 발육이 주지 않은 마을에 비해 좋아졌어. 그동안 돈이 없으면 치료를 중단해 병을 악화시켜 온 만성질환자들이 규칙적으로 약을 먹게 되었다고 해. 핀란드에서는 2017~2018

년에 중앙정부 차원에서 실업자 2000명에게 매달 560유로(약 80만 원)를 지급하는 기본소득 실험을 했어. 그 실험 결과 일부를 분석한 바에 따르면, 돈을 받은 사람들은 받지 않은 사람보다 행복감을 더 느끼고 병원비 지출을 유의미하게 줄였어. 이보다 앞선 1970년대 캐나다 마니토바주 도핀시에서 기본소득 실험을 했는데, 그 결과를 분석한 에블린 포르제 교수에 의하면 기본소득을 받지 않은 지역의 주민에 비해 도핀시 주민들은 병원 입원률이 8.5퍼센트 적었어. 이를 2010년도 캐나다의 병원 입원비로 환산하면 47억 달러를 절감한 것과 같은 효과래.

또한 기본소득을 도입하면 범죄를 줄일 수 있어. 최근에 읽은 미담 하나. 2019년 3월 경기도 한 도시의 편의점에서 20대 청년 A 씨가 삼각김밥을 훔치다 붙잡혔어. 조사하니 그는 닷새 전에도 편

의점에서 조각케이크 하나를 훔쳤어. 조각케이크와 삼각김밥의 가격은 총 4500원. 금액이 적긴 하지만 엄연한 절도라서 A 씨는 경찰 조사를 받게 됐어. 그는 취업 준비 중이었는데 "제대로 된 식사 한 끼 먹어 보는 게 소원"이라고 진술했어. 조사를 맡은 B 경사는 2만 원을 A 씨에게 건넸어. "딱하지만 아무리 힘들어도 범죄는 안 된다. 정직하게 살라는 의미로 빌려주는 것"이라며 말이야. 한 달 후, A 씨는 취업을 해서 직장인이 되어 경찰서를 다시 찾았어. 음료수와 2만 원을 들고서. 그러나 B 경사는 "마음만 받겠다"며 A 씨를 돌려보냈다고 해.(〈디지털타임스〉 2019. 5. 3.)

아름다운 이야기지? 하지만 국민소득 3만 달러가 넘는 한국에서 아직도 배가 고파 물건을 훔치는 사람이 있다는 게 마음이 아프네. 실제로 우리나라는 전체 범죄율은 줄고 있지만 소액 절도 같은 생계형 범죄가 늘고 있어. B 경사 같은 마음 따뜻한 경찰관이 많았으면 하고 생각하지만, 근본적으로 생계형 범죄를 없애는 방법은 사회가 최소한의 생계를 보장하는 것 아닐까? 옛말에 "곳간이 차야 예법을 안다"고 했어. 기본소득이 최저생계비 이상 주어지면 생계형 범죄가 크게 줄어들 거야. 바늘 도둑이 소 도둑 된다고 당장의 절박함 때문에 저지르는 작은 범죄가 나중에 큰 범죄로 이어진다고 할 때, 생계형 범죄가 줄면 결과적으로 중범

죄도 줄어든다고 볼 수 있지. 범죄를 막느라고 방범 장치와 경호 시설에 들이는 비용도, 범죄자를 가두고 먹이느라 수감 시설에 들이는 국가 예산도 줄겠지. 소액 때문에 벌어지는 법적 분쟁도 줄고, 소송에 드는 돈과 시간 등 막대한 비용 역시 감소하겠지.

우리나라는 OECD 국가 중에서 노동시간이 길기로 최상위권인데(2018년 기준 연 1993시간, 전 세계 3위), 기본소득을 지급하면 노동시간을 줄일 수 있어. 노동시간이 줄면 그로 인한 긍정적인 효과를 기대할 수 있겠지. 노동자의 과로가 줄고, 과로가 원인인 산업재해와 안전사고도 같이 줄어들어. 과로가 쌓인 운전기사가 깜빡 조는 바람에 큰 사고가 났다는 뉴스를 종종 접하잖아? 이런 문제를 노동자의 '안전 불감증'으로 돌리는 것으로는 문제가 해결될 수 없어. 노동자의 안전, 그와 직결된 시민의 안전을 위해 노동시간을 줄여 인간적인 노동환경을 만들어야 해. 지금까지 노동시간을 줄이기 힘들었던 이유 가운데 하나는, 노동시간을 줄여 일하고 버는 돈으로는 노동자와 그의 가족이 적정한 생활수준을 유지하기 어려웠다는 점이야. 임금을 올려 준다면 가능하겠지만, 소수의 대기업을 제외한 중소기업들은 임금을 그렇게 올려 줄 여건이 되지 못해(여건이 되는 대기업도 가능하면 임금을 낮추려고 하는 게 현실이지). 그래서 노동자들은 생활에 필요한 만큼 돈을 벌려면 장시간 노동과 주말 노동을 자율 반 타율 반으로 해야 했지. 노동자가 일해서 버는 돈에 공동체가 지급하는 돈이 더해진다면, 노동자들은 생활수준을 유지하면서 더 적게 일할 수 있게 돼.

노동시간 단축은 안전 이외에 또 다른 효과도 가져올 거야. 출퇴근에 좀 더 여유가 생길 테고, 출퇴근 차량 정체가 줄겠지. 차량 정체가 줄면 차량 배기가스가 원인인 미세먼지도 감소해. 신진국에서는 자동차 통행량과 차량 배기가스를 줄이려고 여러 정책을 실행하고 있어. 런던에서는 혼잡통행료를 시내에 진입하는 차량에 부과하고, 파리에서는 배기가스 배출량이 많은 차종은 아예 주요시간에 시내 진입 자체를 금지해. 서울에서도 미세먼지가 심할 때 차량2부제를 실시하고 운전자의 자율에 맡겼지만 큰 효과가 없었지. 과태료를 매기는 등 강한 규제가 필요할지 몰라. 그런데 노동 조건이 그대로인데 규제만 강화되면 시민들이 반발하겠지. 시민들이 정책에 따를 수 있도록, 기본소득을 지급하고 이를 통해 노동시간을 단축해서 여건을 만들어야 해. 미세먼지로 겪는 고통, 만성적 차량정체에 의한 시간 낭비와 정신적 스트레스, 안전사고가 초래하는 인명과 재산의 손실. 이 모든 것이 사회적 비용이라고 할 수 있어. 이 비용을 없애거나 크게 줄일 수 있다면, 모두에게 지급하는 돈이 과연 그렇게 아까울까?

↖ 경제도 살리고
북극곰도 살리고 ↘

　　말라서 뼈와 가죽만 남은 것 같은 북극곰. 북극곰이 디뎌야 할 얼음덩어리가 녹아서 바닷물이 찰랑찰랑해. 좁은 얼음덩어리 위에 위태롭게 몸을 가누고서 바다를 쳐다보고 있는 북극곰의 눈빛은 마치 '어쩌다가 이런 일이 벌어졌지?'라고 묻는 것만 같아. 이 사진을 봤니?

　　지구 온난화로 북극의 얼음이 녹으면서, 북극곰이 먹이를 잡는 사냥터가 빠르게 사라지고 있어. 전문가들은 산업화가 본격화된 19세기 말을 기준으로 지구 평균기온이 2도 올라가면 심각한 파국이 온다고 해. 그런데 21세기 초 이미 평균기온은 1도 이상 올라갔고, 이대로 가면 2050년이면 그 파국에 이르러. 지구 온난화는 동식물의 생존에 직접적인 위협이 되고, 동식물의 생존이 위태로워지면 우리 인간의 생존도 당연히 위협당하지. 지구 온난화가 초래하는 폭염, 가뭄, 기후 불안정 역시 우리 삶을 힘들게 하

고 있어. 지구를 뜨겁게 만드는 주된 원인은 화석 연료를 태울 때 배출되는 이산화탄소야.

그런데도 사람들은 화석 연료를 계속 사용해. 자동차를 타고, 석탄화력발전소에서 생산한 전기를 쓰고, 화석 연료를 이용해 만든 플라스틱 제품을 사용하지. 알코올중독이나 마약중독처럼 우리 인류는 화석 연료에 중독되어 있어. 우리가 화석 연료를 중독적으로 사용하는 동안 지구의 기온은 조금씩 계속 올라가. 이를 막으려면 근본적으로는 에너지 사용을 줄이고, 에너지를 쓰더라도 화석 연료를 사용하지 않는 친환경 재생에너지로 옮겨 가야만 해. 재생에너지란 사용해도 고갈되지 않고 계속 쓸 수 있는 에너지를 말해. 태양광이나 풍력 말이야. 예전에는 재생에너지가 설비 비용에 비해 생산하는 에너지가 적어 경제성이 떨어진다고 했지만, 기술 발전으로 이 문제는 해결되고 있어. 이미 태양광 에너지 생산 단가는 석탄이나 가스와 비슷한 수준으로 내려왔고, 앞으로 더 빠르게 하락할 것으로 예상돼. 에너지 정책이 태양광 에너지 산업을 육성하는 방향으로 적극적으로 전환된다면, 기술 혁신도 빨라져 가격은 더욱 내려갈 거야.

하지만 에너지 소비 구조가 오랫동안 화석 연료에 맞춰져 있다 보니 거기서 벗어나기가 정말 어려워(2017년에 우리나라에서 재생에너지가 발전 전체에서 차지하는 비율은 약 7퍼센트였어). 사람들이 일상생활을 하고 경제활동을 하려면 막대한 에너지가 필요한데, 아직 재생에너지로는 그 수요를 감당할 수 없어서 화석 연료 에너지에 계속 의존하게 되고, 화석 연료 에너지에 의존할수록 화석 연료 중심의 구조가 굳어져서 변화의 걸림돌이 돼. 정부는 당장 시민들이 필요로 하는 에너지를 공급하는 게 우선이어서 에너지 정책의 중심을 화석 연료 에너지에 두게 돼.

예를 들어, 원유 수입에 차질이 생겨 기름 가격이 오른다고 하자. 원칙적으로 가격 상승은 시장에서 수요와 공급이 만나 정해지는 것이지만 정부는 이를 두고 볼 수가 없어. 왜냐하면 기름 가격이 인상되면 고소득층보다 다수 서민이 더 큰 부담을 느끼기에, 서민 생활 안정을 위해 정부가 개입하게 돼. 정부는 기름 가격에 포함된 세금(유류세)을 깎아 주고, 서민들은 난방유나 자동차 휘발유를 전과 같은 가격으로 구입하지. 폭염으로 에어컨 사용이 늘어나면, 정부는 전기료 누진제를 조정해서 서민들도 큰 전기료 부담 없이 에어컨을 이용하게 해 줘(전기료 누진제란, 전기를 일정 정도 이상 쓰면 전기료가 가파르게 오르도록 설정한 요금제야. 누진제를 조정한다는 건, 동일한 전기료로 전기를 사용할 수 있는 요금 구간을 늘려서 전기료 부담을 줄여 주는 거야). 이처럼 정부는 에너지 소비 보조금 정책을 이용해 서민들의 에너지 비용을 지원했어. 결과적으로 에너지 사용을 늘리고, 화석 연료 사용도 늘린 거지.

에너지 소비 보조금 정책은 주머니 사정이 팍팍한 서민에게 도움이 되기는 해. 하지만 이러면 사람들이 전처럼 부담 없이 휘발유를 사용하고 전기를 쓰게 돼. 당장에 서민에게 인기는 있겠지만, 장기적으로는 생태 환경에 부담을 전가하는 결과를 낳아. 또한 정부의 보조금 정책은 그 대상이 소득 중하위층 서민이지만, 실제로는 고소득층에게 더 큰 이익을 줘. 무슨 말이냐고? 에너지 소비에 붙는 세금을 줄여 주고 요금을 깎아 주면 에너지를 많이 소비할수록 혜택을 더 많이 받기 때문이야. 에너지를 더 많이 소비하는 계층은 물론 고소득층이지. 차 여러 대를 소유한 사람은 차 한 대 가진 사람보다 기름값 인하로 더 이익을 얻고, 수백 평 저택에 에어컨 여러 대를 돌리는 가구는 좁은 집에서 에어컨 한 대 트는 가구보다 전기료 누진제 조정의 혜택을 더 얻어. 서민을 위한 정책 덕에 부자가 세금 감면으로 더 이득을 봐. 불공정하다는 생각이 들지? 하지만 이런 불공정을 발생시키지 않는 방법이 있어.

'탄소세'라고 들어 봤니? 탄소세는 환경 부담금으로, 탄소배출량을 기준으로 부과하는 세금이야. 화석 연료로 전기를 생산하

는 화력발전소, 화석 연료를 사용하는 공장과 건물과 차량 등에 부과하지. 이미 유럽 여러 나라와 호주 등에서 시행하고 있어. 우리도 탄소세를 도입해 화석 연료 에너지를 많이 쓸수록 세금을 더 내게 할 필요가 있어. 또한 전기료 누진제를 강화해서 전기를

많이 쓰면 지금보다 더 많이 세금을 내게 해야 해. 문제는 에너지 가격이 오르면 서민들이 힘들어한다는 거겠지.

해법이 있어. 탄소세 부과와 전기료 인상으로 거둔 수입을 재원으로, 정부가 '탄소배당'이라는 이름의 기본소득을 지급하면 돼. 탄소배당은 '환경배당'이라고 부를 수도 있어. 핵심은, 탄소배당으로 지급받는 돈과 에너지 가격 인상으로 늘어난 부담을 합쳤을 때, 국민 대다수에게 그 결과가 이익이 되도록 제도를 설계하는 거야. 부자는 탄소배당을 받는 대신 그보다 더 많은 세금, 즉 에너지 사용료를 내고, 서민은 세금을 조금 더 내는 대신 그보다 많은 탄소배당을 받도록 말이야. 기존 방식과 탄소배당 방식을 비교하면 이래.

A. 기존 에너지 세금 정책

에너지 가격이 10퍼센트 오르면 정부가 그 가격에 포함된 세금을 깎아 가격을 10퍼센트 떨어뜨린다. 시민은 전과 같은 가격으로 에너지를 쓸 수 있고, 그러므로 에너지를 아낄 이유가 없다.

B. 탄소배당과 연계한 에너지 세금 정책

정부가 탄소세를 부과하면서 에너지 가격이 10퍼센트 오르더라도 그만큼의 탄소배당으로 동등하게 분배된다. 대다수 시민에게 가격 인상의 부담은 탄소배당으로 상쇄되고 오히려 이익이 남는다. 그 이익은 그가 에너지를 아낄수록 커지므로 에너지를 아끼려는 동기가 생긴다.

A는 에너지를 많이 쓰는 부자에게 세금을 더 많이 깎아 주는 방법인 데 비해, B는 부자일수록 세금 부담이 커져. 탄소배당을 지급하는 B는 A와 달리 부자에게서 서민에게로 부의 재분배가 이뤄지고, 환경에도 이로워. 사람들이 에너지 사용을 아끼려는 동기를 갖게 되므로 기업은 에너지 효율을 높이는 기술 개발에 투자하고, 정부는 화석 연료에 대한 의존을 줄이고 태양광 등 친환경 재생에너지를 늘리는 방향으로 에너지 정책을 전환하게 돼.

2019년 초 프랑스에서 일어난 '노랑조끼 시위'(시위대가 노랑조끼를 입어서 붙은 이름이야)는 마크롱 정부가 기름값에 포함된 환경세를 올리면서 촉발되었어. 환경보호라는 좋은 가치도 서민들 입장에서 생활에 부담을 준다면 받아들이기 힘들지. 반면 스위스에서는 화석 연료 소비에 부과한 탄소세를 재원으로 국민 모두에게 생태배당을 주고 있어. 스위스 정부는 이 정책으로 국민들의 큰 반발 없이 화석 연료 소비를 점점 줄여 가고 있지. 어때? 서민 경제도 살리고 북극곰도 살리는 탄소세-탄소배당, 해 볼 만하지 않아?

↖ 선별복지 됐습니다,
이제는 기본소득으로 ↘

공공도서관에서 누구나 책을 빌릴 수 있잖아? 그런데 만약 어느 정치인이 이렇게 주장한다고 해 봐. "경제적으로 여유 있는 사람까지 책을 공짜로 빌려주면 세금이 많이 든다. 도서관은 가난한 사람만 책을 빌려주도록 하자." 실제로 그렇게 된다면?

이제 저소득층보다 소득이 조금이라도 많은 사람은 도서관을 이용할 수 없고, 책을 보려면 돈 주고 사야만 해. 도서관을 이용하려면 자기가 얼마나 가난한지 소득 수준과 형편을 낱낱이 드러내야만 하지. 도서관에 드나드는 사람은 곧 가난한 사람이라고 세상에 증명하는 셈이야. 다수 국민은 세금은 내면서도 도서관 이용의 혜택은 보지 못하므로, 자연스럽게 그들은 도서관과 장서가 늘어나기를 바라지 않게 돼. 덩달아 언론은 도서관에서 책이 얼마나 많이 훼손되었는지 집중 보도하면서 '책을 함부로 보는 가난한 사람들'의 문제점을 부각하겠지. 국민들은 자기가 낸 세금으로 도서관을 이용하면서 고마워할 줄 모르는 가난한 사람들에게 화를 낼 테고, '도서관 감시 운동'을 벌일지도 몰라. 어떤 정치인도 선거에 나와서 도서관을 늘리자고 공약하지 않을

테지. 그러기는커녕 도서관을 없애서 유권자의 세금 부담을 줄여 주겠다고 공약하겠지.

어때? 상상이긴 하지만, 이런 세상에서 살고 싶진 않지? 누구나 도서관을 이용할 수 있게 하면 가난한 사람을 포함해 모두가 혜택을 보지만, 가난한 사람만 이용하게 하자고 하면 정작 가난한 사람들도 이용하기 힘들어질 거야. 이 점은 복지제도 일반에 적용할 수 있어. 보편복지를 해야 복지의 파이가 커지고 가난한 사람과 중산층 모두에게 이로워. 가난한 사람만 선별해서 주자는 말은 얼핏 효율적으로 보이지만 결국 복지의 파이를 줄여 가난한 사람조차도 혜택을 못 받게 해.

선별복지 제도와 기본소득 가운데 무엇이 더 나은지, 조금 더 구체적으로 이야기해 보자. 소득 집단을 단순화해서 정리한 두 개의 표를 비교하면 다음과 같은 사실을 알 수 있어.

첫째, 기본소득은 선별복지보다 돈이 더 들지 않아. 선별복지는 가난한 사람만 골라 도와주는 것이므로 보편적으로 지급하는 기본소득보다 돈이 적게 들 거라고들 여기지. 표를 봐. 사회 전체적으로 100만 원의 세금을 모아 가장 가난한 한 집단에게만 100만 원을 주는 거나(A), 세금으로 400만 원을 모아 네 집단이 기본소득으로 100만 원씩 똑같이 나누는 거나(B) 사회에 존재하는

A. 선별복지를 실시할 때

	집단 1	집단 2	집단 3	집단 4
소득	700만 원	200만 원	100만 원	0원
선별복지	0원	0원	0원	100만 원
세금	70만 원	20만 원	10만 원	0원
세후 소득*	630만 원	180만 원	90만 원	100만 원
순수혜*	-70만 원	-20만 원	-10만 원	100만 원

B. 기본소득을 실시할 때

	집단 1	집단 2	집단 3	집단 4
소득	700만 원	200만 원	100만 원	0원
기본소득	100만 원	100만 원	100만 원	100만 원
세금	280만 원	80만 원	40만 원	0원
세후 소득*	520만 원	220만 원	160만 원	100만 원
순수혜*	-180만 원	20만 원	60만 원	100만 원

* 세후 소득 : 세금을 제하고 난 후 남는 소득
* 순수혜 : 수입과 지출을 합산하여 순수하게 남는 이익 또는 혜택

부를 재분배하는 것일 뿐이야. 그 사회에 없는 돈을 어디서 빌려 와야 하거나 사회에 있는 돈보다 많이 소비하는 게 아니야.

둘째, 선별복지는 역차별을 일으켜. A에서 집단 3이 집단 4를 돕고자 세금 10만 원을 내면 집단 4보다 세후 소득이 작아지게 돼(90만 원 vs 100만 원). 이처럼 선별복지 제도에서는 지원을 받는 집단과 처지가 비슷하거나 그보다 약간 나은 집단들이 선별

복지 실시 후 소외감을 느끼거나 역차별을 받을 수 있어. 이건 공정성의 문제를 일으킬 수 있지. 기본소득을 주는 B에서는 그런 역차별이 발생하지 않아. 집단 3은 세금을 내고 기본소득을 받음으로써 집단 4보다 세후 소득이 넉넉하게 많아(160만 원 vs 100만 원).

셋째, 기본소득은 '순수혜' 집단이 늘어나. A는 가장 가난한 집단을 돕기 위해서 전체의 4분의 3이 '순부담'을 져(집단 1부터 3까지 순수혜가 모두 마이너스야). 이러면 중산층(집단 2, 집단 3)은 가난한 이들(집단 4)을 위한 선별복지를 줄이고자 하는 심리를 갖고 복지 예산 마련을 위한 세금 납부에 동의하지 않을 가능성이 커. 사실 이것이 선별복지 제도를 실시하는 나라의 복지 예산이 보편복지를 실시하는 나라에 비해 매우 느리게 증가하는 이유야. 반면 기본소득을 주는 B는 전체의 4분의 3이 순수혜를 누려(집단 2부터 4까지 순수혜가 모두 플러스이고, 고소득층 집단 1만 마이너스야). 따라서 중산층이 기본소득 액수를 늘리고 싶어 해. 자기에게도 도움이 되니까! 이처럼 기본소득은 중산층과 가난한 사람 모두에게 이로워.

왜 기본소득이 필요한지에 대해서는 충분히 공감할 것 같고, 이제부터는 구체적으로 어떻게 재원을 마련하고 그 실현 가능성은 어느 정도인지 알아보자. 재원 마련을 위해 제시된 방안은 많아. 세금을 걷는 방안이 대표적이지만, '빅 데이터'를 일종의 공유지로 보아 빅 데이터를 이용해 돈 버는 플랫폼 기업에게 정부가 이용료를 걷는 방안도 있어. 최근 한 경제 이론은 정부가 필요하면 직접 화폐를 발행해 지급해도 된다고 하는데, 그것도 기본소득 재원 마련 방안이 될 수 있겠지. 하지만 여기서는 세금을 걷어 재분배하는 방안을 주로 이야기할게.(《기본소득의 경제학》(강남훈 지음, 박종철출판사, 2019)을 참고했어.) 전 국민에게 한 달에 30만 원씩 기본소득을 준다고 하자. 월 30만 원 기본소득을 지급하려면 해마다 예산이 약 180조 원이 들어. 우리나라 1년 예산이 약 400조 원(2019년)이니까 180조 원은 적은 액수는 아니지. 다만 이 돈을 모두 세금으로 거두는 건 아니야. 기존 복지제도로도 빈곤층에게 주는 생계급여나 저소득층 가구에 주는 근로장려금 등 이미 현금으로 지급하는 보조금이 꽤 있어. 그 보조금을 기본소득에 통합하면 약 30조 원쯤의 예산이 절감돼. 새로 마련해야 하는 액수는 150조 원쯤이야.

　150조 원을 마련하기 위해 세 가지 세금을 신설한다고 해 보자. 시민소득세, 탄소세(환경세), 토지세가 그것이야. 시민소득세는 각자 소득의 10퍼센트를 추가로 더 내는 거라고 하자. 탄소세는 화석 연료 사용에 부과하는 세금이야. 토지세는 토지 소유에 부과하는 세금이고. 전문가들은 주로 건물에 붙이는 종합부동산세를 사회 공유자원인 토지를 이용하는 데 대한 세금으로 전환하자고 해. 이 세금이 내게 주는 '부담'과 기본소득으로 돌려받는 '수혜'를 합치면 어떤 결과가 나올까?

국민 모두가 월 30만 원씩 기본소득을 받을 때, 연구에 따르면 전체 가구의 83퍼센트가 '순수혜 가구'가 된다고 해. 순수혜 가구란 다만 얼마라도 이득을 보는 가구란 뜻이야. 83퍼센트에 해당하는 가구의 연소득은 약 9000만 원으로 예상돼. 즉 소득이 꽤 넉넉한 중산층까지도 내는 세금보다 받는 기본소득이 조금이라도 더 많아. 소득이 낮은 가구로 갈수록 수혜의 크기는 커져. 그러면 부담은 당연히 9000만 원보다 소득이 많은 사람, 해마다 수억에서 수십억 원을 버는 고소득자들이 지게 돼. 기본소득을 주게 되면 대다수 국민, 즉 저소득층과 함께 중산층도 이익이야.

월 30만 원 기본소득 지급을 위한 계획으로부터 알 수 있는 것은, 기본소득 실행은 예산의 문제가 아니라 의지의 문제라는 거야. 하늘에서 돈을 만들어 내는 마법이 아니라, 소수의 손에 집중된 부를 공동체 전체에 나누려는 의지와 용기에 달린 일이라는 거지. 단, 첫술에 배부를 수는 없겠지. 일단 적은 액수로 시작하면 돼. 액수와 상관없이 중산층을 포함한 국민 대다수가 기본소득의 직접적 수혜자가 되어 보는 경험을 하는 게 중요해. 다 같이 약간씩 세금을 더 내면, 대다수는 세금보다 많은 기본소득을 돌려받아.

기본소득을 지지하는 전문가들은 '기본소득을 위한 국토보유세'를 도입하자고 해. 우리나라의 토지보유세는 선진국 수준(약 1퍼센트)보다 매우 낮은 수준(0.3퍼센트)인데, 이를 0.6퍼센트 정도까지 올리기만 해도 연 15조 원 정도의 세금 수익이 생긴다고 해. 이를 '토지배당'으로 국민에게 나눠 주면 한 사람당 1년에 30만 원씩 줄 수 있어. 1년에 30만 원이면 너무 적다고? 맞아. 하지만 그 돈이 지금까지 땅과 건물을 가진 사람에게 불로소득으로 돌아갔다는 사실을 생각해 봐. 토지는 개인이 만들어 낼 수 없는, 사회가 공유한 부잖아? 불로소득으로 소수에게 돌아가는 몫을 일부라도 공동체가 거두어서, 금액에 상관없이 공동체 구성원 전체가 나누는 것이 공평해. 비록 작은 액수지만 온 국민이 평등한 자기 몫을 받아 보면 기본소득이 무엇인지 느끼게 될 거야.

이런 식으로 작은 액수라도 기본소득을 실행하게 되면 국민들이 이 정책의 의의와 이점을 이해하게 돼. 선거에서는 기본소득을 늘리고 부의 재분배를 약속하는 정치인이 지지를 받을 거야. 그게 민주주의야. 지금의 민주주의에서는 선거를 할 때마다 대기업과 소수 부자들의 이익이 늘어나지만, 기본소득이 시작되면 선거를 할 때마다 노동자와 대다수 서민의 생활이 나아져. 일단 시작하면, 기본소득은 우리를 보다 평등한 사회로 이끌게 돼.

그런데!

기본소득으로
물가만
오르는 거
아닌가요?

Q 기본소득을 주면 물가가 올라서 결국 주나 안 주나 똑같지 않을까요?

A 물가가 오른다는 걱정은 이런 거야. 사람들이 기본소득이 생기니 소비를 늘릴 것이고, 수요가 공급을 초과해서 가격이 오

른다는 거지. 이는 과도한 걱정이야. 물론 기본소득을 받으면 소비가 늘겠지. 주로 생필품이나 의료·교육·문화 서비스에 대한 소비가 늘 것 같아. 그런데 시장에서 어떤 재화에 대한 소비가 늘면 당연하게도 시장에 그 재화를 공급하려는 사람들도 늘어나. 시장에 공급이 늘면서 가격은 다시 균형을 찾게 되지. 또 소비의 증대가 생산 증대와 투자 증대의 선순환으로 이어지면서 경제도 성장하지. 경제가 건전하게 성장한다면 물가가 조금 올라도 문제가 되지 않아.

물가가 오르는 건 나쁜 거 아니냐고? 물가 인상에 대한 과도한 공포는 바람직하지 않아. 물가가 올라가는 현상을 인플레이션(inflation)이라고 하는 건 알지? 그런데 어느 정도의 인플레이션은 경제가 건전하게 성장하고 있음을 보여 주는 지표야. 생산이 늘고, 구매도 늘고, 임금도 늘고, 투자도 느는 선순환이 벌어질 때 보통 물가도 함께 올라가. 더 큰 문제는 디플레이션(deflation) 즉, 물가의 지속적인 하락이야.

얼핏 생각할 때 짜장면이 반값으로 떨어지면 되게 좋을 것 같지만, 짜장면을 파는 중국집은 수익이 절반으로 떨어지니 장사를 유지할 수가 없어. 중국집이 문을 닫으면 그 가게에 식재료를 납품하는 회사도 타격을 입고, 중국집이나 식재료 회사의 직원도 일자리를 잃거나 급여가 깎이게 돼. 이런 일이 사회 전체로 퍼지게 되는 거야. 그래서 디플레이션이 되면 투자와 생산이 줄고 임금도 떨어지고 소비도 줄어드니 투자가 더 줄어드는 악순환이 벌어져. 그러므로 물가는 경제 주체들이 일상적으로 감당할 수 있는 수준에서는 조금씩 오르는 게 당연한 거고 어떤 의미에선 긍정적인 거야.

우리는 흔히 우리에게 익숙한 상품의 가격 변동에 더 민감한 경향이 있어. 짜장면이나 미용실 서비스처럼 '과거에는 얼마'라는 걸 잘 아는 상품이 '지금 얼마'로 가격이 바뀌는 데 민감하지. 그런데 경제가 발전할수록 혁신적이고 유용한 상품을 매우 저렴하게 이용할 수 있다는 건 잘 생각하지 못해. 가령 너희들 휴대폰에 무료로 설치한 번역 앱이나 지도 앱을 봐. 예전 같으면 사전이나 지도를 사서 들고 다녀야 했는데, 앱을 쓰면서 돈과 시간과 육체적 에너지를 아낄 수 있지(무료 앱이라고 해도 거기에 붙는 광고를 억지로 보아야 한다는 점에서 100퍼센트 공짜는 아냐). 그렇다면 이런 혁신적인 서비스를 만들어 내는 사람이 사회에 많을수록 좋겠지? 기본소득이 생기면, 그동안 '먹고사는 데 안정된 일자리'를 좇아 몰리던 사람들이 창업 등 다양한 혁신적 사업에 뛰어들 수 있어. 결국 사회 전체에 이익이지.

만약 정부가 화폐를 마구 찍어 내 기본소득을 준다면(실제 화폐 공급은 이런 방식으로 이뤄지지는 않고, 좀 복잡해) 통화량이 비정상적으로 늘어나 물가가 치솟을 수는 있어. 하지만 기본소득은 그런 방식으로 지급하는 게 아니라 사회에 이미 존재하는 부를 다시 나누는 거야. 같은 돈으로 소수의 부자들이 최고급 호텔 뷔페를 즐기는 것도 좋지만, 알바와 공부를 병행하는 많은 청년이 좀 더 영양가 있는 음식을 먹는 데 쓰도록 그 돈을 나눠 준다면 더 의미 있지 않을까? 이미 있는 부를 재분배하는 것일 뿐 화폐량을 인위적으로 늘리는 게 아니므로, 기본소득을 준다고 물가가 치솟지는 않아.

6장

정치를
바꾸는
열쇠,
기본소득

↖ 2500년 전
고대 그리스 아테네로 가다 ↘

"오늘 민회는 안건이 뭔가, 아리티데스?"

"이런! 아테네 시민이 안건도 모르고 민회에 오나, 크세오테스? 스파르타 해군을 견제하기 위해 새 전함을 건조할지 정하기로 하지 않았나."

"아 참, 그렇지. 용서하게. 생업에 바쁘다 보니 그만⋯."

"이 사람, 누군 생업이 없나? 그래도 아테네 시민이라면 나라의 공무를 올바로 결정하겠다는 책임감을 가져야 하지 않겠나?"

기원전 5세기, 그리스 아테네. 아테네 시민들은 '민회'가 열리는 날 민회장이 있는 프닉스 언덕에 오르면서 저런 이야기를 나누었을 거야. 아테네 시민들은 민회를 통해 국가의 안건을 직접 토론하고 결정했어. 민회는 중요 안건을 다루는 주요 민회와 일반적인 안건을 다루는 일반 민회가 있었는데, 주요 민회는 연중 10회 정도, 일반 민회까지 합치면 연중 40회 정도 민회가 열렸어. 주요 민회는 개최 정족수가 6000명이었고, 참가자들은 손을 들어 투표하거나, 흰 돌과 검은 돌을 이용해 찬반 투표를 했어. 이러한 민회는 기원전 5세기에 수립된 아테네 민주정의 상징이자 구심이었지.

고대 그리스 시대 그리스 본토와 주변 지역에 약 1500개의 '폴리스'가 세워져. 폴리스는 흔히 도시국가로 번역하는, 인구가 3~4만 명인 작은 정치 공동체를 말해. 이에 비해 아테네는 전성기 때 인구가 30만에 이르렀으니 가장 중심적인 폴리스였지. 아테네는 처음에는 왕이 다스리다가 소수의 귀족들이 집단으로 통치하는 귀족정이 돼. 그러나 평민들이 귀족에 대항하고 뛰어난 평민파 지도자들이 나오면서 기원전 5세기에 귀족정은 민주정으로 바뀌어. 귀족정 시대에는 '아레이오스 파고스'라는 귀족 회의가 국정을 장악했고 평민들은 정치에서 배제되었어. 그러나 민주정에서는 귀족과 평민을 구분하지 않고 성인 남성 시민은 모두 정치에 참여했지. 아테네 인구가 20만 명 정도였을 때 성인 남성은 약 3~4만 명이었다고 해. 그들이 민회에 참가하고 또 추첨에 의해 돌아가며 국가 공직을 맡았어.

아테네 민주정은 아테네 출신 성인 남성만 시민으로 규정했고, 노예와 여성과 외국인은 배제했어. 이건 분명 아테네 민주정의 한계라고 할 수 있어. 하지만 그건 그 시대의 한계이지 아테네 민주정의 잘못이라고 하기는 힘들어. 아테네와 지리적으로 가까운 페르시아 제국은 왕족과 귀족들이 절대 다수의 백성을 가혹하게 지배한 전제국가였어. 그리고 대부분 나라의 정치 체제는 페르시아와 비슷했지. 그런데도 아테네는 그런 체제를 따르지 않고 '시민들이 서로 통치하고 통치 받는' 민주정을 이루었어. 지금과 비교해 당연히 한계가 있지만, 그 시대의 다른 나라들과 비교하면 아테네 민주정은 매우 진보적인 체제였지.

아테네 민주정의 중요한 특징은 시민들이 추첨을 통해 공직을 돌아가며 맡았다는 거야. 공직자를 선거로 뽑지 않고 추첨으로 자리를 분배했다는 거지. 아테네인들이 맡아서 한 공직으로는 우선, 민회에서 결정한 사안을 집행하는 기구인 '500인회'가 있어. 500인회는 말 그대로 500명의 시민을 추첨으로 뽑아 구성됐는데, 자격은 30세 이상이어야 했고 임기는 1년이었으며 재임은 허용되지 않았어. 사실상 아테네 시민은 평생에 한 번은 500인회에 뽑혀 사무를 했다는 이야기야. 또한 임기 1년의 배심원단 6000명도 추첨으로 뽑아서 각종 재판에 참여하게 했어. 배심원들은 200~500명 단위로 나뉘어 법정에 들어가 원고와 피고의 이야기를 듣고 잘잘못에 관한 판단을 내려야 했지. 그 밖에 아테네에 필요한 600명의 행정공무원도 추첨으로 뽑힌 시민들에게 맡겼어. 다만 군대 지휘관 등 전문 역량이 필요하다고 여기는 일부 공직자는 시민들이 민회에서 선출했어. 선출직 공직에 후보로 나선 때 재산 자격 같은 건 없지만 납세나 범죄 이력을 꼼꼼하게 제출해야 했어.

노예 제도가 있었지만, 대부분의 아테네 시민은 고작 한두 명의 노예를 소유했거나 한 명도 소유하지 못했어. 노예를 다수 소유한 이들은 소수의 부자 시민에 한정됐어. 대다수 시민은 농사를 짓거나 물건을 제작하거나 장사를 하는 등 직접 생계 활동을 해서 가족을 부양했어. 그렇다면 먹고살기에도 바쁜 시민들이 어떻게 민회, 500인회, 배심원단 등 각종 공적 활동에 참여할 수 있었을까?

민주정의 지도자 페리클레스는 '공무수당'을 지급함으로써 이 문제를 해결했어. 고대 아테네 하면 떠오르는 아크로폴리스 광장이나 파르테논 신전의 건축 사업을 벌인 사람이 바로 페리클레스야. 페리클레스는 민주정의 황금기를 이끌었다고 칭송받는데, 그는 시민의 자격과 권한을 법으로 정하고 시민이 공적 활동에 참여할 때 수당을 지급했어. 참고로, 당시 노동자의 하루 급여가 대략 1드라크마였다고 해. 시민들은 주요 민회에 참가하거나 500인회, 배심원, 행정공무원으로 일하는 날은 하루에 0.5드라크마 정도를 지급받았대.

공무수당을 받아 생계 걱정을 덜 수 있으므로, 아테네 시민은 공적 활동에 누구나 평등하게 참여할 수 있었어. 공무수당은 공적 활동에 참여하는 사람에게 주는 것이므로 조건 없이 주는 현대의 기본소득과는 좀 달라. 하지만 아테네 시민에게 민회와 공적 활동은 거의 일상이었으므로 사실상 기본소득을 받는 것과 다름없었지. 약간 과장해서 말하면, 고대 아테네 민주주의는 기본소득이 있어서 가능했어. 생계가 보장되니 시민들은 기꺼이 공적 의사결정 및 실행에 직접 참여했고, 그런 경험이 쌓이다 보니 시민의 의식과 역량도 비약적으로 성장했어. 그것이 아테네 민주정을 발전시킨 힘이었어. 귀족들은 여러 차례 민주정을 무너뜨리려고 시도했지만, 그때마다 민주정은 다시 회복되었어.

페리클레스는 펠로폰네소스 전쟁(고대 그리스의 양대 강국인 아테네와 스파르타가 벌인 전쟁)에서 전사한 장병의 추모식에서 이렇게 연설하지.

아테네 민주주의

"우리 헌정은 권력이 소수가 아닌 다수에게 있으므로 민주주의라고 부릅니다. 모든 사람은 법 앞에 평등하며, 누군가를 공직자로 등용할 때 그가 어느 특정 계급의 구성원인지 따지지 않고 오직 그의 실제 능력에 따라 결정합니다. … 우리는 정치에 아무 관심도 없는 사람을 자기 일에만 몰두한 사람이라고 하지 않습니다. 우리는 그를 아테네에서 '아무 쓸모없는 사람(idiotes)'이라고 말합니다."

고대 그리스어 idiotes에서 영어 단어 'idiot(바보, 멍청이)'이 나왔어. '바보'란 욕이 실은 인지능력이 부족한 사람이 아니라, 공공선에는 관심이 없고 제 이익만 추구하는 사람을 가리켰음을 알 수 있지. 아테네인들은 민주주의를 지키는 근본적인 힘은 공공의 일에 대한 관심과 참여라는 걸 정확히 알고 있었어.

현대의 민주주의는 물론 2500년 전 고대 아테네 민주정과는 내용도 조건도 크게 달라. 하지만 지금의 민주주의가 맞닥뜨린 문제를 살펴보다 보면 아테네 민주정에서 교훈을 찾을 필요가 있다는 걸 알게 돼. 왜냐하면 지금 우리의 민주주의는 분명 형식적으로 민주적 절차를 갖추고 있는데도 부와 권력은 점점 소수에게 집중되고 불평등이 커지고 있기 때문이야.

가난한 사람이
정치에 참여하려면

2018년 지방선거 직전, "이번 선거에 반드시 투표하겠다"라고 응답하는 정도를 조사하는 설문에서 고소득층이 저소득층보다 많이 "그렇다"고 대답했어. 또 부동산을 소유한 사람이 소유하지 않은 사람보다 "꼭 투표하겠다"고 더 많이 대답했어(한국정치학회, 한겨레경제사회연구원이 모바일 설문조사 전문기관인 서베이몹에 맡겨 실시한 조사). 가난한 사람일수록 사회에 불만이 많고 투표에도 관심이 높을 것 같지만, 실제로는 부유할수록 관심이 높은 것으로 나타나. 실제 투표율도 대체로 소득과 학력이 높을수록, 고소득층이 많이 사는 지역일수록 높은 편이야. 왜 가난한 사람은 투표에 소극적일까?

한편, OECD 국가들 안에서 소득 상위 집단과 하위 집단의 투표율 격차를 비교하면, 미국·일본·한국의 투표율 격차는 20~30퍼센트에 이르는 데 비해 스웨덴·덴마크·네덜란드 등 유럽 복지국가는 고작 5~8퍼센트 정도야. 유럽 복지국가들은 소득 불평등이 적은 나라야. 소득 불평등이 적을수록 계층에 상관없이 고르게 투표율이 높아. 이 사실은 왜 가난한 사람들이 투표를 잘

투표하러
오세요!

안 하려 하는지에 대해 실마리를
주는 것 같아.

일단, 비용의 측면에서 가난
한 사람일수록 투표와 같은
정치 참여에 드는 비용이
부담스러울 수 있어. 투표
에 무슨 비용이 드느냐고?

공직선거일은 대개 법정공휴
일이지만, 아르바이트 노동자나 영세자영업자는 그런 날도 일을
쉬기 힘들어. 소득이 적으므로 남들 쉴 때에도 출근을 해야 하지.
선거일에도 종일 일하다 보면 투표할 시간이 없을 수 있어. 이들
에게는 일을 줄이거나 쉬고서 투표하러 가는 게 상대적으로 비
용이 많이 드는 행위인 것이지. 또한 선거일 당일 시간만 있다고
되는 게 아니라, 한 표를 온전한 의미에서 행사하려면 평소에 정
치에 관심을 가지고 정책에 대해서도 공부하고 남들과 생각을
교류하는 것이 필요해. 이런 시간도 모두 비용이라고 할 수 있어.
그러나 생계 활동에 바쁘면 어쩌다 쉬는 날도 노동의 피로를 푸
느라 이런 시간을 내기 힘들지. 정치에 대한 정보와 지식이 부족
하니 정치 참여의 관심은 더 줄어들게 돼.

또한 제도의 측면에서, 가난한 사람들은 정치가 자신에게 이로움을 주는 쪽으로 작동한다고 느끼지 못해. 내가 참여할수록 내가 바라는 정책이 실현된다면 시간과 노력을 들여서 참여하는 보람이 있겠지. 그것이 민주주의를 하는 이유이기도 하고. 그러나 정치 제도는 그러한 기대를 배신하지. 왜 그런 일이 벌어지는 걸까?

미국에서 정책 지지도와 그 정책의 실현 비율을 조사한 결과를 보자. 미국에서 1981년부터 2002년까지 정책 약 1800건의 실현 여부와 그 정책을 '누가 지지하는가'를 살펴보았어. 그 결과, 부유층이 지지하는 정책일수록 실현율이 높게 나타났어. 부유층이 80퍼센트 이상 지지하는 정책은 실현율이 50~60퍼센트에 이르렀어. 반대로 부유층이 거의 지지하지 않는 정책은 실현율이 5퍼센트 정도로 떨어

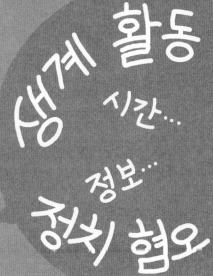

생계 활동
시간…
정보…
정치 혐오

가난한 사람들

졌어. 반면 일반인이 지지하는 정책은 지지 비율이 올라가건 내려가건 실현율이 30퍼센트 정도였어. 정치인들은 정책을 결정할 때 일반 유권자가 좋아하거나 싫어하는 것은 그다지 신경을 쓰지 않고, 부유층이 좋아하는지 싫어하는지에 크게 휘둘린다는 뜻이야. 부유층의 선호에 정치인들이 휘둘리는 이유는, 정치인에게 필요한 정치후원금의 상당 부분을 부유층이 내기 때문이야. 미국의 경우, 전체 정치후원금의 40퍼센트를 소득 상위 0.01퍼센트의 갑부들이 대고 있어.

이건 우리 민주주의가 처한 중요한 문제야. 정치가 부유한 소수의 이익을 실현하는 도구가 되고, 그러면서 부유층은 정치에 더 적극적으로 참여하지. 부유층의 참여가 높아질수록 정치와 부유층의 이해관계는 더 밀착돼. 반면 일반 시민은 먹고살기 바빠 정치 참여에 시간과 노력을 들이기 힘들고, 정치 참여에 소극적이 될수록 일반 시민이 원하는 정책은 실현되기 어려워. 원하는 정책이 실현되지 않으므로 그들은 정치 참여에 더 소극적이 돼. 악순환이지. 이를 어떻게 극복할 수 있을까?

고대 아테네에 공무수당이 있었듯이, 현대 민주주의에도 시민의 정치 참여를 돕는 제도가 필요해. 우리가 논의해 온 기본소득이 그것이야. 기본소득이 보장되고 노동시간이 줄어들면, 사람들은 전보다 사회적 활동에 더 관심을 갖고 참여할 수 있을 거야. 공공의 이슈에 대해 공부하고, 남들과 대화하고 토론하면서 주체적 의견을 가지며, 더 적극적으로 투표하고, 직접 정당 활동이나 시민단체 활동에 참여할 수 있어. "먹고사는 데도 바쁜데 뭐…" 하면서 주권자의 권리를 스스로 포기하는 안타까운 일이 더 이상 없으려면, 주권자의 기본생활을 조건 없이 보장해 주는 제도가 필요해!

유럽 복지국가에선 청소년 때부터 일찌감치 정당에 가입해 활동하며 경력을 쌓아서 젊은 나이에 국회의원에 뽑혀 본격적인 의정활동을 하는 사람이 꽤 많아. 정치 제도의 차이도 있지만, 복지가 경제적 불안감을 해소해 주니 어릴 때부터 정치에 관심을 갖고 그쪽으로 진로를 정하는 사람들이 자연스럽게 생겨나는 거야. 반면 한국은 국회에서 청년 국회의원을 찾아볼 수 없어. 2016년에 시작된 20대 국회를 보면 국회의원 중 30세 미만은 0명, 30세 이상 40세 미만이 3명뿐이야. 국회의원 300명 가운데 고작 1퍼센트지. 20~30대 연령의 청년 유권자가 전체의 30퍼센트나 되는데 말이야. 반면 국회의원 평균 연령은 56세야. 너무 늙은 국회야. 이러한 국회가 젊은 세대의 이익을 대변해 줄 수 있을까?

정치 제도도 개혁해야 하겠지만, 청년들이 한시라도 빨리 정치에 많이 뛰어들어야 해. 기성 정당의 공천을 기다릴 게 아니라 스스로 '청년 정치'를 시작해야 해. 50~60 대 1의 경쟁률을 뚫고 공무원, 대기업 시험 합격을 위해 청춘을 바치는 노량도 청년을 대체 어떻게 정치로 불러내느냐고? 공무원이 되면, 대기업에 입사하면 보장받으리라 여기는 '경제적 안정'을 공무원이 되지 않고 대기업 사원이 안 되더라도 손에 잡을 수 있다면, 그래도 그들이 노량도로 계속 향할까? 아닐 거야. 자신에게 그리고 자기 주변에 더 관심을 가지게 될 거고, 자신이 더 나은 삶을 살려면 이 사회도 더 나은 사회로 변화해야 한다는 걸 깨닫게 될 거야. 따라서 기본소득이 생기면, 열정과 패기로 정치에 뛰어드는 청년들이 늘어날 거야. 그들은 '꼰대' 같은 지금의 정치를 더 재미있고 유능한 정치로 바꿀 거라 믿어!

↖ 기본소득, 정치를 바꾼다 ↘

기본소득이 정치 참여의 조건을 만들어 준다면, 기본소득으로 아예 정치 개혁을 해 보자는 주장도 있어. 이른바 '정치 주권자 기본소득'이야. 기본소득을 갖고 제대로 된 정치인을 밀어주는 정치후원금으로 활용하자는 거지.

지금 우리나라에서는 시민들의 소액 정치후원 문화를 활성화시키기 위해, 유권자가 정당이나 정치인에게 후원하면 10만 원까지를 연말에 '세액 공제'로 되돌려 주고 있어. 세액 공제라는 말이 조금 낯설지? 내가 이미 낸 세금 가운데 일부를 정부가 되돌려 주는 것을 말해. 이 제도는 정치인이 대기업이나 고액 후원자들과 유착하는 대신 시민의 후원을 받아 깨끗한 정치를 하라는 취지에서 만들어진 거야.

'10만 원을 후원하고 10만 원을 되돌려 받는다'라고 하니 시민들이 좋은 정치인을 택해 부담 없이 후원할 수 있는 제도 같은데, 실은 이 제도에 문제가 좀 있어. 세금을 일정 금액 이상 납부한 사람들만 이 제도의 혜택을 받을 수 있기 때문이야. 주로 안정된 일자리를 가진 정규직 근로자들만 10만 원 후원하고 10만 원을 되돌려 받게 돼. 소득이 불안정한 비정규직 노동자, 소득이 없는 학생과 주부, 실업자는 정치인에게 후원을 해도 그 후원금이 세액 공제의 대상이 될 수 없어. 서민의 참여를 이끌어 내는 제도가 아니라 오히려 서민을 차별하는 제도인 거지.

정치 주권자 기본소득은 이와 전혀 달라. 정치 주권자 기본소득은 정부가 전체 유권자에게 1년에 10만 원의 금액을 지급하고, 그 돈을 오로지 정치 후원금으로만 쓰게 하는 제도야. 다른 데 쓰지 않게끔 별도의 카드를 제공하거나 해야 할 텐데, 어린이집 보육비 지원 방식 등 이미 선례가 있으니 기술적으로는 충분히 가능하다고 봐. 우리나라 유권자 4000만 명이 10만 원씩 정치 기본소득을 가진다면 그 합이 4조 원이야. 4조 원으로 그냥 기본소득을 준다면 1인당 금액이 너무 적어서 별 의미가 없겠지만, 정치 후원에 쓴다면 이것은 결코 적은 액수가 아니야. 지금껏 정치 후원에 참여할 여력이 없던 저소득층을 포함해 다수의 일반 시민이 4조 원의 정치후원금을 가지고 정치인들과 마주하게 되는 거야.

시민들은 자신이 가진 정치 주권자 기본소득을 정직한 정치인, 서민을 위해 일하는 정치인, 품격 있는 정치인에게 내겠다고 선언해. 지금까지는 주로 고소득층이 정치후원금을 냈기 때문에 정당과 정치인은 부자들의 눈치를 보았어. 그러나 개개의 유권자

들이 정치후원금을 낼 준비를
하고 있다면, 그리고 유권자
에는 고소득층보다 노동자와 서
민이 훨씬 많다면, 정치인들이 이
제 누구의 눈치를 볼까? 노동자와
서민, 즉 대다수 보통 시민의 눈치를
보게 될 거야. 서민과 노동
자가 바라는 정책을 실
천할 의지가 있는 정치
인이 많은 후원금을 받
게 될 거고, 재벌과 부유층
의 편을 들어 온 정치인은
시민들로부터 소외당할 거야. 4조

원이면 정치를 지금보다 훨씬 더 민주적이고 진보적으로 바꿀 수 있어.

게다가 실제로 예산이 4조 원씩 드는 것도 아니야. 정치 주권자 기본소득은 기존의 세액 공제 제도를 대체하는 것인데, 세액 공제 제도에 이미 들어가는 예산이 있기 때문이지. 정부는 정치 후원금을 낸 사람에게 10만 원까지 세금을 되돌려 주는 방식으로 재정을 지출하고 있지. 정치 주권자 기본소득을 받을 대상자가 세액 공제 제도의 대상자보다 훨씬 많기는 하겠지만 말이야.

저 아테네 민주정 시대에 페리클레스가 공무수당을 지급한 것을 두고, 철학자 플라톤은 이렇게 비판했어. "공무수당이 아테네인들을 태만하고 수다스럽고 탐욕스럽게 만든다." 플라톤의 제자 아리스토텔레스도 "그들은 생업을 걱정할 필요가 없어 툭하면 회의를 개최하고 모든 안건을 스스로 결정한다"고 못마땅해했지. 위대한 철학자라고 불리는 플라톤과 아리스토텔레스는 근본적으로 귀족주의자였어. 정치는 정치의 전문 역량을 갖춘 현자들이 해야 하며, 대중이 정치에 참여하면 이해관계만 앞세워 통치를 망친다고 생각했지. 플라톤의 저작 《국가》에서 예찬하는 '철학자 왕'은 실은 민주주의에 대한 철학자의 혐오를 나타내. 아리스토텔레스는 '훌륭한 삶'을 일컬어 "비타 악티바(vita activa, 활동하는 삶)"라고 했는데, 이건 생계 노동에서 벗어나 공적 활동에 참여하는 것을 의미해. 그런 삶을 누리는 건 오로지 귀족들만 가능했지만, 공무수당이 주어지면서 평민들도 기회를 얻었지.

그렇다면 플라톤과 아리스토텔레스의 우려를 뒤집어 말해 보자. 공무수당의 지급이 철학자들이 생각하는 진정 '훌륭한 삶'을 가능하게 했다고 말이야. 그리고 현대 민주주의에서 공무수당의 역할을 기본소득이 한다고 말이야.

'사회계약' 사상을 전파한 장 자크 루소는 정치 공동체의 주체가 되려면 "다른 이에게 견디기 어려운 과중한 부담을 지울 필요가 없는 사람, 다른 인민의 도움 없이도 지낼 수 있는 사람, 부유하지도 않고 빈곤하지도 않으며 자급자족할 수 있는 사람"이어야 한다고 강조했어. 경제적으로 궁핍한 사람, 실업 상태에 놓인 사람들은 자기에게 자선을 베풀어 줄 부자나 일거리를 줄 고용주의 눈치를 항상 보아야 하고 그들에게 늘 의존해야 하지. 정치 공동체에서 주체가 되기 위해서는 형식적으로 서로 평등하다고 하는 것을 넘어 경제적 자립이 필수야. 그러나 경제적 자립은 각자 알아서 해결해야 하는 문제가 아니라, 정치 공동체가 시민에게 져야 하는 책임이기도 해. 정치 공동체는 시민이 경제적으로 자립하도록 도와주어야 한다는 거지. 왜냐하면 그러한 독립적인 시민들이 바로 민주주의의 기초이기 때문이야.

기본소득은 시민에게 경제적 자립의 기반을 제공하고, 공동체에 참여할 수 있는 평등한 조건을 만들어 줘. 기본소득은 우리의 민주주의를 한 걸음 앞으로 나아가게 만들어.

그런데!

기본소득으로 생기는 문제도 있을 것 같아요

Q 기본소득이 매우 기대가 되지만, 좋은 점만 있을까요? 기본소득이 생겼을 때 안 좋은 점은 뭐가 있을까요?

A 좋은 지적이야. '기본소득이 생겼을 때 안 좋은 점'이라기보다, 기본소득이 자칫 새로운 문제를 낳을 수도 있다는 지적이

있어. 물론 그에 대한 반론도 있고. 그런 쟁점들을 몇 개만 소개해 볼게.

❶ 힘들고 지저분한 일은 아무도 안 하려 할 것이다.

지금 건물 화장실이나 지하실을 청소하는 노동자들 중에 기본소득이 최저생계비만큼 주어지면 그 일을 더 이상 안 하려는 분들이 나올 수 있어. 지금 하는 일이 힘들고 지저분하고 보람도 없는데 임금마저 아주 낮다면, 노동자들은 기본소득을 받고 그 일을 그만두려 하겠지.

하지만 그들을 탓할 수 있을까? 그것이 사회에 꼭 필요한 노동이라면, 그 노동을 사용하면서 인간적인 처우는 하지 않는 게 오히려 잘못이 아닐까? 기본소득이 도입된 후에도 그 노동이 필요하다면, 그 일을 하는 사람에게 공정한 대우를 해 줌으로써 단순한 생계 때문이 아니라 그 일에서 자부심을 가지도록 만들어 줘야 해. 너무 위험하여 사람에게 시키는 것이 비인간적인 그런 노동은 로봇에게 맡기도록 해야 할 것이고.

❷ 여성들이 경제활동에서 물러나 가정으로 돌아가 버릴 것이다.

여성의 경제활동 참여를 높이는 건 성평등을 위해 매우 중요한 일이야. 경제활동 참여는 여성에게 물질적인 자립을 가능하게 하고 남녀가 동등한 시민이라는 자존감을 갖게 해. 그런데 기본소득이 생기면 여성들이 굳이 경제활동을 계속할 필요가 없어져서 가정주부나 육아의 역할로 돌아갈 수 있고, 이것이 성평등에 역행한다는 우려가 있어.

하지만 반드시 그렇게 될까? 물질적인 수단이 없어서 가정에서 사회로 나오기를 주저하던 여성들이, 기본소득을 갖게 되면서 더 적극적으로 사회에 참여할 수도 있어. 언제든 가정 밖에서 자립할 수 있기 때문에 여성은 가정 내에서 더 당당한 발언권을 행사하게 될 거야. 결혼과 출산은 점점 더 개인의 자율적 선택이 되고 있지만, 만약 그것을 원하면서도 경제적 이유로 주저하는 여성이 있다면 기본소득이 생기면서 용기를 낼 수도 있겠지. 이처럼 기본소득은 여성이 무얼 원하든 그 선택에 힘이 되어 줄 거야.

❸ 술을 마시거나 도박에 탕진해 버릴지도 모른다.

2009년에 영국 런던에서 한 자선단체가 노숙인 13명에게 각자 3천 파운드(약 450만 원)씩을 나눠 주었어. 그들이 술을 마시고 마약을 해서 돈을 날려 버릴 거라는 우려와는 정반대로, 1년 뒤 13명 가운데 9명이 '지붕이 있는 거주지'를 구했어. 그들을 믿고 돈을 주자, 그들은 각자 자기에게 필요한 것을 찾아냈어. 어떤 이는 씻고 말끔한 옷을 갖춰 입고 가정으로 돌아갔고, 어떤 이는 직업교육에 등록해 일자리를 구했어. 그들에게 나눠 준 돈은 그동안 그들을 관리하느라 든 시 정부의 행정 비용에 비해 아주 적은 돈이었어.

기본소득으로 사람들이 술 마시고 도박이나 할 거라는 걱정, 청소년들은 그 돈을 현명하게 쓰지 못할 거라는 걱정은 인간이란 존재를 이해하지 못해서 나온다고 봐. 그런 행동은 현실에 희망이 없을 때 나타나는 행동이야. 미래에 대한 기대감을 갖게 되면 행동도 달라져. 물론 시행착오도 있겠지만, 시행착오를 통해 배우면서 더 나은 선택을 하는 거야.

기본소득은 사람들이 자기 길을 두려움 없이 갈 수 있도록 만들어. 기본소득에 대한 사람들의 우려는, 다른 선택할 길이 별로 없는 지금 현실이 앞으로도 고정불변할 것이라는 전제에서 나오는 것 같아. 여기저기 새로운 길이 나타나고 각자의 모험을 떠나는 기본소득 사회에서는 지금의 그런 우려들이 무의미해질 거야.

기술과 부는
사람에게 봉사할 때
의미가 있다

2019년 초, 승차 호출 서비스 '카풀'과 택시기사들 사이에 다툼이 점점 커졌어. 카풀 쪽은 택시 잡기 힘든 출퇴근 시간대에 자가용을 가진 사람과 승차를 원하는 사람을 이어 주는 혁신적인 서비스라고 주장했고, 택시기사들은 면허제로 운영되는 택시 시장에서 카풀이 혁신의 가면을 쓰고 무면허 불법 택시 영업을 하려 한다고 반발했어. 카풀이 합법화되면 안 그래도 초과 경쟁 상태인 택시 운송업에 타격을 입히면서 기사들의 생존권이 벼랑에 내몰린다면서 말이야. 이 갈등은 결국 두 분의 택시기사가 카풀 도입에 항의하는 표시로 스스로 몸에 불을 붙여 목숨을 끊는 비극에까지 이르렀지.

170

카풀 도입을 지지하는 시민들은 출퇴근 시간에 택시 잡기가 너무 힘들다는 점, 택시기사들의 서비스가 불친절하다는 점을 지지의 근거로 들지. 한국 경제가 성장하려면 카풀 같은 새로운 서비스가 성공해야 한다며 관련 규제를 풀어 주어야 한다는 주장도 있어. 하지만 택시기사들의 반발도 분명 일리가 있어. 무엇보다 택시기사들을 마치 새로운 변화에 적응하지 못하는 무리인 양 비판해서는 안 돼. 왜냐하면 지금의 택시 제도 역시 사람들의 필요에 의해 만들어졌기 때문이야. 버스나 전철로는 해소될 수 없는 사람들의 필요, 즉 목적지 바로 앞까지 가고자 하는 필요에 의해 택시라는 대중교통 서비스가 등장했어. 택시가 도심에 너무 적어도 문제고 너무 많아도 문제이기 때문에 정부는 적절한 택시 숫자를 유지하기 위해 면허제를 시행해 왔어. 많은 택시기사가 시민의 발로서 성실하게 제 역할을 해 왔는데, 새로운 기술이 나왔다고 하루아침에 "이제 당신들은 필요 없소"라고 한다면 그게 과연 공정할까?

　우리는 그 어느 때보다 지식과 기술이 폭발적으로 증대되는 시대에 살고 있어. 지식과 기술은 새로운 가치와 부의 창출로 이어지지. 그러나 우리가 명심해야 할 게 있어. 기술과 부는 사람에게 봉사할 때만 의미가 있다는 거야. 기술과 부, 그 자체가 중요한 게 결코 아니야. 기술이 성실히 노동해 온 사람들의 밥줄을 끊는 무기로 쓰일 때, 인류의 공동자원과 공동지식에 바탕을 두고 창출된 부를 소수가 독차지할 때, 그런 상황에 대해 아무런 비판 의식 없이 "새로운 기술이면 다 좋다, 부가 늘어나는 거면 다 좋다"라고 해도 될까?

　중세 시대 사람들은 자기들이 땀 흘려 일군 농작물을 왕에게 세금으로 빼앗기고도 그 세금으로 온갖 권세를 부리는 왕을 보고 "야, 우리 임금님은 역시 멋있어"라고 했어. 기술과 부에 대해 아무 비판 의식이 없다면 우리도 중세 시대 사람들과 다를 바 없

어, 우리에게 중요한 건 기술과 부

가 인간의 자유와 행복을 위해 쓰이느

냐 하는 거야. "따라가지 못하면 도태된다" 같은 이야기를

아무 생각 없이 받아들일 게 아니라, 이미 충분히 발전한 기술과

그 어느 때보다 높이 축적된 부를 가지고 다 같이 골고루 잘 살

수 있는 길을 찾아야 해. 그게 인간이 진보하고 있다는 증거가 아

닐까?

　　이 책에서 계속 이야기한 기본소득은, 각자에게 사용 가능한

현금을 줘 보자는 것 이상의 의미가 있어. 인류의 공유부로부터

삶의 안정을 보장받고, 인공지능과 로봇의 도움으로 힘든 노동

에서 벗어나서 자유롭게 그리고 더불어 함께 살아가자는 거야. 기본소득은 기술과 부가 인간에게 봉사하는 정의로운 사회를 만들자는 제안이야. 이 책에서 설명한 모든 내용은, 그런 사회가 필요하며 또 충분히 가능하다는 이야기이고!

끝으로, 청소년인 너희에게 기본소득에 관한 이 모든 얘기는 어떤 의미가 있을까? 아마 너희들은 "참 좋은 거 같은데, 우리가 당장 할 수 있는 일은 없지 않나?" 생각할지도 몰라. 하지만 나는 바라는 게 있어. 어떤 게임 속 캐릭터는 길에 깔린 금화를 주우며 신나게 앞으로 달리더라. 그 캐릭터처럼, 네 미래에 기본소득이란 선물이 놓여 있다고 믿고 신나게 살았으면 좋겠어.

무얼 해서 먹고살까, 돈을 잘 벌려면 무슨 직업을 가져야 할까, 이런 조바심 때문에 너희의 무한한 가능성을 찾아보지도 않고 남들이 안전하다고 하는 길로 그냥 따라가지 마. 무얼 하든 절대 굶지 않을 거라는 확신을 가지고 너희들 각자의 마음의 소리를 좇아갔으면 좋겠어. 너희가 진정 열정을 바쳐 볼 만한 목표를 찾았으면 좋겠어. 신화학자 조지프 캠벨은 이렇게 말했어. "자기만의 희열을 따르라. 영웅적인 삶은 각자의 모험을 실행하는 것이다!"

기본소득은 네 모험에 쓸 든든한 자금이 될 거야. 그 자금을 믿고, 거침없이 살아가길 바라.

사회 쯤 아는 십대 06

기본소득 쯤 아는 10대
우린 모두 사회가 준 유산의 상속인

초판 1쇄 발행 2019년 11월 11일
초판 4쇄 발행 2022년 3월 31일

지은이 오준호
그린이 신병근
함께 그린이 이혜원·선주리
펴낸이 홍석
이사 홍성우
인문편집팀장 박월
편집 박주혜
디자인 신병근
마케팅 이송희·한유리·이민재
관리 최우리·김정선·정원경·홍보람·조영행

펴낸곳 도서출판 풀빛   등록 1979년 3월 6일 제2021-000055호
주소 07547 서울특별시 강서구 양천로 583 우림블루나인비즈니스센터 A동 21층 2110호
전화 02-363-5995(영업), 02-364-0844(편집)   팩스 070-4275-0445
홈페이지 www.pulbit.co.kr   전자우편 inmun@pulbit.co.kr

ISBN 979-11-6172-753-0 44300
ISBN 979-11-6172-731-8 44080(세트)

이 도서의 국립중앙도서관 출판예정도서목록(CIP)은 서지정보유통지원시스템 홈페이지(seoji.nl.go.kr)와
국가자료종합목록구축시스템(http://kolis-net.nl.go.kr)에서 이용하실 수 있습니다.
(CIP제어번호 : CIP2019035636)

- 책값은 뒤표지에 표시되어 있습니다.
- 파본이나 잘못된 책은 구입하신 곳에서 바꿔드립니다.